INFO3 VERLAG

Michael Bockemühl

KUNST SEHEN

BAND 14

Nach einer öffentlichen Vorlesung zu Joseph Beuys
vom 18. Mai 1993 im Saalbau Witten

David Hornemann v. Laer (Hg.)
unter Mitarbeit von Pauline Bischofsberger, Anke Loewensprung,
Sarah Luther, Johannes Schmidt, Melina Schwab

Michael Bockemühl

KUNST SEHEN

JOSEPH BEUYS

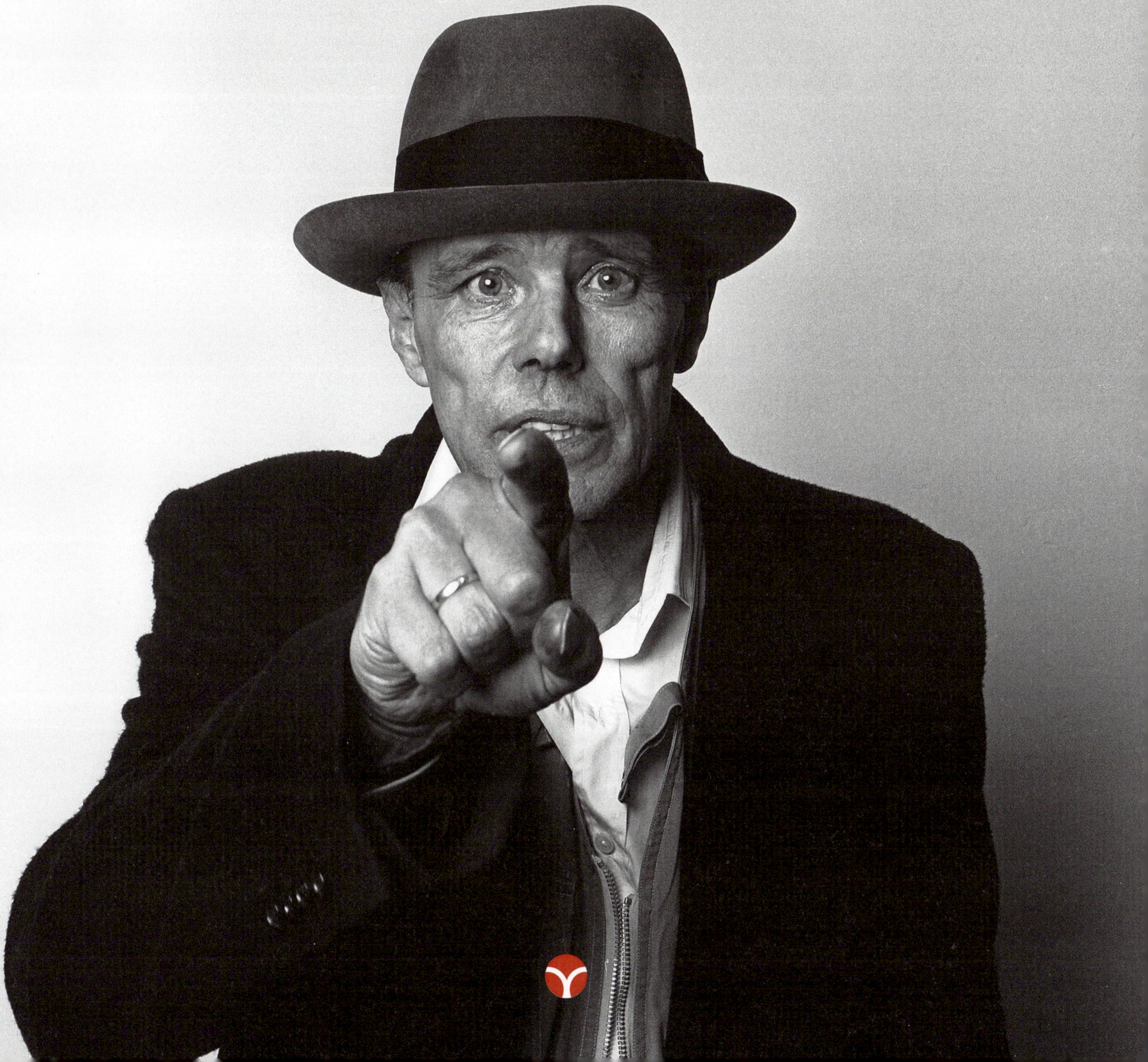

INHALT

WER NICHT DENKEN WILL, FLIEGT RAUS!

GRUSSWORT VON WALTER SMERLING

Der Mann mit Hut und Anglerweste – er hat die Kunstwelt gravierend verändert. Seine Auftritte, seine Aktionen und seine Ideen haben weltweit Aufsehen, Empörung, Unverständnis, aber auch begeisterte Zustimmung ausgelöst. Egal, wo er sich präsentierte, man konnte nicht weghören, nicht vorbeisehen. Weil er alle Regeln herkömmlicher Kunst rigoros aufbrach, verdrehte und sprengte, war er für die einen Guru und Scharlatan, für die anderen Messias, Schamane und Provokateur von Phantasie und Kreativität. Es gibt eine Fülle von Deutungsversuchen über Beuys. Er selbst lehnte Interpretationen ab.

Beuys gilt heute immer noch als einer der einflussreichsten Künstler der zweiten Hälfte des 20. Jahrhunderts. Sein Werk umfasst Skulptur, Zeichnung und Performance, alles tief verwurzelt in seinem humanistischen Denken, in seiner Sozialphilosophie und der Anthroposophie. Und er war ein Meister der Inszenierung. Für jeden Ausstellungsmacher ist es bis heute eine unglaubliche Herausforderung, Werke von Joseph Beuys zu inszenieren, denn der Künstler selbst ging intuitiv vor, erfasste die Atmosphäre des Raums ebenso wie politische Stimmungen oder architektonische Besonderheiten. Alles konnte Einfluss auf die Inszenierung haben. Beuys hatte wie kein Zweiter die Fähigkeit, Installationen eine Aura zu verleihen.

Als faszinierender Rhetoriker erklärte er seinem Publikum – ob im Museum, in der Akademie oder im Fernsehstudio – seinen erweiterten Kunstbegriff: „Jeder Mensch ist ein Künstler“[1]. Dahinter steht die Überzeugung, Kunst als kreatives gesellschaftliches Handeln zu denken. Grundsätzlich sei diese Fähigkeit allen gegeben und jeder aufgefordert, die gesellschaftliche Entwicklung mitzugestalten. Somit wird die Kunst bei Beuys zur „Sozialen Plastik“ und ist immer in Veränderung.

Beuys fand seinen wichtigsten Arbeitsplatz im Atelier und der Kunstakademie. „Für die Studenten nur das Beste“, das war sein Motto. Kein Studierender war ihm zu lästig, keine Mappe zu viel. Er kämpfte für die Verwirklichung einer freien Akademie mit Zugang für alle, wie sie ihm nach seinem Kunstbegriff vorschwebte. Beuys wollte überlieferte Vorstellungen und Begrifflichkeiten neu denken: Kunst, Arbeit, Kapital – er hat die großen Themen neu definiert. Kunst als die Fähigkeit, durch schöpferische Gedanken kreative Prozesse in Gang zu bringen, war für Beuys das eigentliche Kapital. Der eigentliche Wert des Volksvermögens liegt in der Kreativität.

Als ich ihn 1985 bei einem Fernsehinterview fragte, woran es liegt, dass ihn so wenige Leute verstehen, warum seine Soziale Plastik, sein System, sein sozialer Organismus eine so schwer verständliche Sache sei, entgegnete er: „Natürlich, es stellt schon einige Anforderungen. Und diese Anforderungen lassen sich meines Erachtens auf dem normalen Denkweg nicht schnell erreichen, sondern man muss eine Ruhe und eine meditative Einstellung zu der Sache haben, das heißt, man muss quasi Ideen sehen können – und das fällt den Menschen schwer."[2] Sehen können – genau hinschauen, den Geist offenhalten, Erkenntnisse zulassen – das ist eine Fähigkeit, die heute so wichtig ist wie vor 35 Jahren.

KUNST SEHEN – der bezeichnende Titel dieser Buchreihe und des hiermit verbundenen studentischen Engagements – könnte im Zusammenhang mit einer Auseinandersetzung mit Joseph Beuys kaum passender sein. Der Ansatz von Michael Bockemühl, das genaue Sehen ins Zentrum zu stellen und Kunst auch in einem außerkünstlerischen Erfahrungskontinuum zu denken, steht ganz im Geiste von Joseph Beuys. Bockemühls Vorlesungen zeigen: Er wollte seinen Studierenden – wie Joseph Beuys – vor allem ein Denken lehren, das exakt wahrnehmen kann. Beuys übrigens schrieb seinerzeit rigoros auf die Akademie-Tür: „Wer nicht denken will, fliegt raus!"[3] In diesem Sinne wünsche ich Ihnen eine anregende und vor allem erlebnisreiche Lektüre.

„Die Kunst ist das Bild des Menschen selbst.
Das heißt, indem der Mensch mit der Kunst konfrontiert ist,
ist er im Grunde mit sich selbst konfrontiert.
Er öffnet sich dann selbst die Augen.“[4]

Joseph Beuys

1 | Joseph Beuys, **La Rivoluzione siamo Noi – Die Revolution sind Wir**, 1971,
Foto: Giancarlo Pancaldi

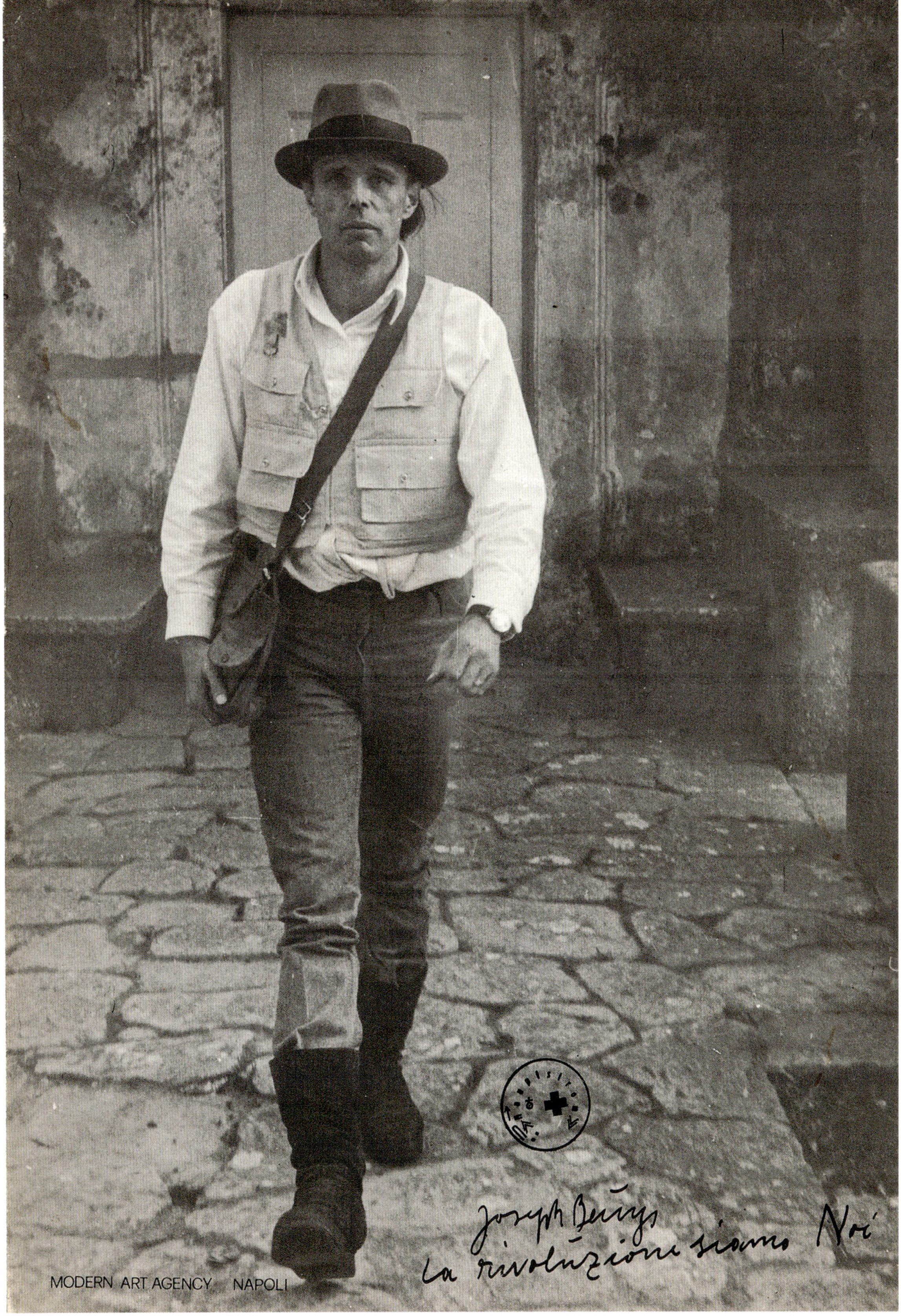
MODERN ART AGENCY NAPOLI
Joseph Beuys
La rivoluzione siamo Noi

ICH SEHE MÖGLICHKEITEN

Ist über Joseph Beuys und seine Kunstwerke nicht schon alles gesagt und geschrieben worden? Haben seine Skulpturen, seine Aktionen und seine auf Papier und auf Tafeln festgehaltenen Ideenschöpfungen noch irgendetwas mit unserer heutigen Lebensrealität zu tun? Fett, Filz, Kupfer, Ruß und Honig – was soll uns das im digitalen Zeitalter noch sagen? Kurz, lohnt eine Auseinandersetzung mit diesem provokanten Künstler und seinen utopischen Werken überhaupt noch?

Aus heutiger Perspektive erscheint uns Beuys Wirken als logische Konsequenz der Kunstgeschichte: Hätte es ihn nicht gegeben, andere Künstler*innen hätten vermutlich getan, was er vollbracht hat: die menschliche Kreativität zum zentralen Thema der Kunst zu erheben.

Für den Kunstprofessor und Schamanen, den Aktivisten für Demokratie und Ökologie, den Weltverbesserer und Mitbegründer der Grünen ist das Schöpferische kein Privileg einer auserwählten Menschengruppe, sondern eine „prinzipielle Möglichkeit, die in jedem Menschen vorliegt."[5] Für ihn ist deshalb die wichtigste Frage: „Wie kann (…) jeder lebende Mensch auf der Erde ein Gestalter, ein Plastiker, ein Former am sozialen Organismus werden?"[6]

Der Zuspruch des Künstlertums an *jeden* Menschen hat ein Bewusstsein einer neuen Perspektive auf das Individuum zur Folge, das nun gegenüber sich selbst und seiner Umwelt eine ähnlich offene Position einnimmt wie der Künstler gegenüber seinem Werk. Zugleich lernen wir in dieser Bestimmung den Schaffensprozess als eine lange Reihe von Niederlagen und scheiternden Versuchen kennen, bis wir uns von Konventionen und inneren Zwängen befreien, zu einem eigenen, individuellen Ausdruck finden und Freiheit verwirklichen können. Beuys bringt das auf die Formel: „Kunst=Mensch=Kreativität=Freiheit"[7].

Durch seine umfassende Erweiterung des Kunstbegriffs und damit verbundene Bemühung einer Ausrichtung aller Lebensbereiche auf den Menschen hin gelingt dem Künstler aus Kleve nicht nur eine Neuverortung von Kunstprozessen („Das Atelier ist zwischen den Menschen"[8]), sondern auch ein Bewusstsein von deren Ursprung („Der aus der Kreativität herausgebildete Gedanke ist schon ein Kunstwerk, eine Plastik"[9]).

Auch für Michael Bockemühl ist die Erweiterung des schöpferischen Potenzials jedes Menschen ein zentrales Anliegen. Er spricht mit Beuys, setzt sich jahrelang mit dessen Werk auseinander und geht als Kunstwissenschaftler und innovativer Hochschullehrer an der Universität Witten Herdecke ungewöhnliche Wege. Parallel zu Beuys Freier internationaler Hochschule für Kreativität und interdisziplinäre Forschung[10] (FIU) gründet er – gemeinsam mit anderen – an der Universität Witten/Herdecke das Studium fundamentale, um die Verbindung von Theorie und Praxis, um Perspektivenvielfalt und Methodenpluralismus im Studium zu verankern. In seinen Lehrveranstaltungen im Aktionsstil zeigt er den Studierenden, wie sie mittels der Kunst ihre Sinne beleben und aus sich selbst heraus kreativ werden können.

Bockemühl lädt uns in seinen öffentlichen Vorlesungen zu Experimenten und Sehübungen ein und wir lernen, an eigene Erfahrungen unmittelbar anzuknüpfen. Das löste schon damals Begeisterung aus, wie einem Fernsehbericht über die „sensationelle Veranstaltung“ zu entnehmen ist: „So wenig Notizen, so viel Begeisterung für die Art der Vorlesung. Kunstgeschichte als Happening – gibt's noch 'ne Steigerung?“[11]

Auf meine Frage nach der Relevanz dieser Vorlesungen für unser heutiges Leben lautete eine Rückmeldung seitens der Studierenden: „Wir haben verlernt, wirklich zu sehen. Unser Blick für die Schönheit und Natürlichkeit der Welt ist durch unseren Lebensstil und die Gesellschaft getrübt. Michael Bockemühl zeigt uns anhand von Kunstwerken, wie wir unseren Blick dafür wieder öffnen können.“[12] So entschlossen wir uns, diesen Vortragszyklus, den Bockemühl als sein Hauptwerk bezeichnete[13], gemeinsam der Öffentlichkeit zugänglich zu machen und die in freier Rede gehalten Vorlesungen behutsam zu überarbeiten. Dabei ging es uns nicht nur um die Herstellung eines authentischen und gut lesbaren

„Jeder Mensch ist ein Träger von Fähigkeiten, ein sich selbst bestimmendes Wesen, der Souverän schlechthin in unserer Zeit. Er ist ein Künstler, ob er nun bei der Müllabfuhr ist, Krankenpfleger, Arzt, Ingenieur oder Landwirt. Da, wo er seine Fähigkeiten entfaltet, ist er Künstler.“[14]

Joseph Beuys

„Ich ziehe vor Joseph Beuys seinen berühmten Hut. Es ist diesem genialen Lebenskünstler nicht nur geglückt, jeden deutschen Bürgermeister hereinzulegen, sondern auch seine ehrfürchtigen Kritiker, welche die Beuys'sche Narrenfreiheit gehorsam übernommen haben.“ [15]

Ephraim Kishon

Textes, sondern vor allem darum, Experimente und Sehanregungen für Leserinnen und Leser unmittelbar zugänglich zu machen – gemäß Bockemühls Credo: „Der Künstler ermöglicht, was der Anschauende verwirklicht.“[16]

Angesichts widersprüchlicher Expertenmeinungen, medialer Inszenierungen und zuweilen kaum nachvollziehbarer politischer Entscheidungsprozesse, die gerade im Pandemie-Jahr 2020 unerwartete Blüten trieben, haben Bockemühls Vorlesungen an Aktualität nichts verloren; sie heben ins Bewusstsein, wozu gerade die Kunst – allen voran die von Joseph Beuys – immer neu Ansporn sein kann: das *vorurteilsfreie* Wahrnehmen und *selbstständige* Denken. Anders ausgedrückt: Wer dem Sehen die Führungsrolle überlässt, wird zum Neu- und Andersdenken angeregt, da vorhandene Denkroutinen sich an den oft andersartigen Eindrücken stoßen und feste Vorstellungen zerschellen lassen. Das aber hilft uns, offen zu werden für eine Zukunft voller Möglichkeiten. Eine solche sieht auch Beuys, wie aus einem Interview hervorgeht: „Ich (...) sehe die Möglichkeiten, und zwar nicht als Täuschung, sondern ganz objektiv. Ich sehe, dass, wenn man das oder jenes so oder so machen würde, (...) der ganze Organismus, zum Leben käme, sich regenerieren könnte, ganz neue Prinzipien zur Diskussion gestellt werden könnten, eine neue Gesellschaftsordnung beginnen könnte, eine völlig andere menschliche Zukunft.“ [17]

Witten im Februar 2021
David Hornemann v. Laer

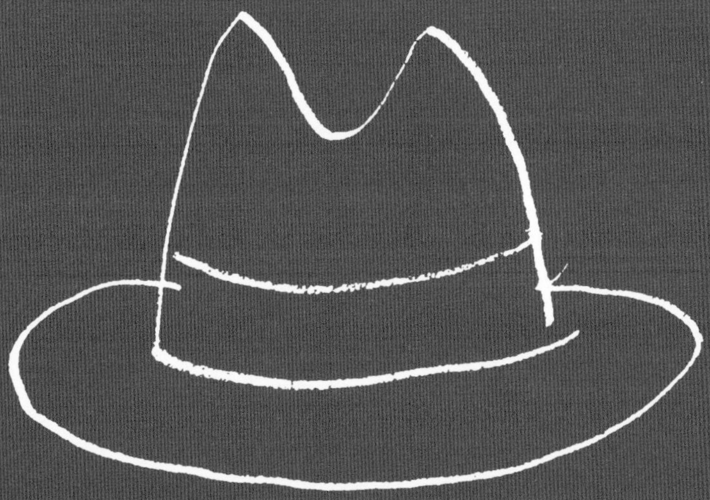

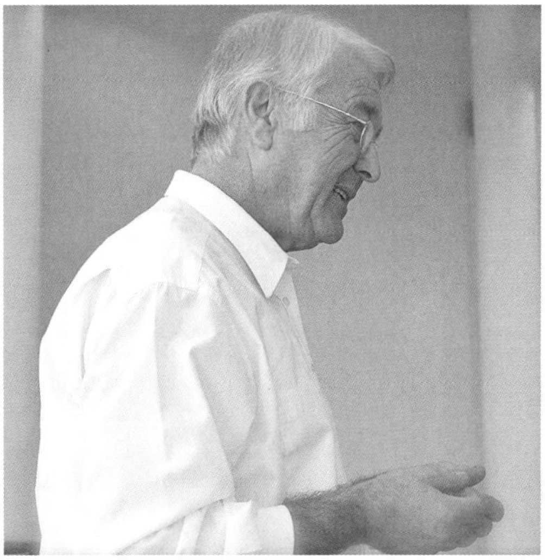
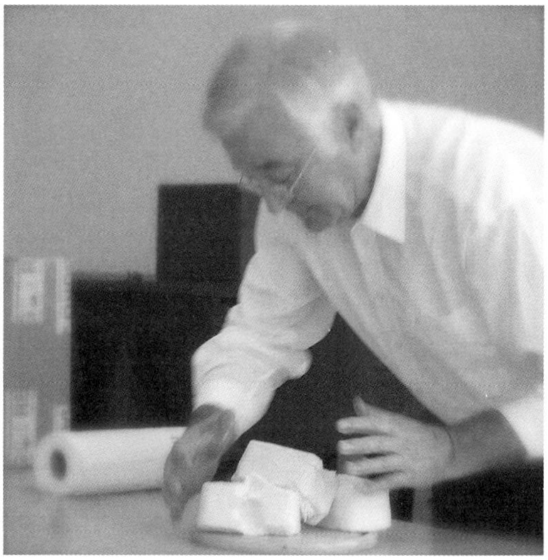
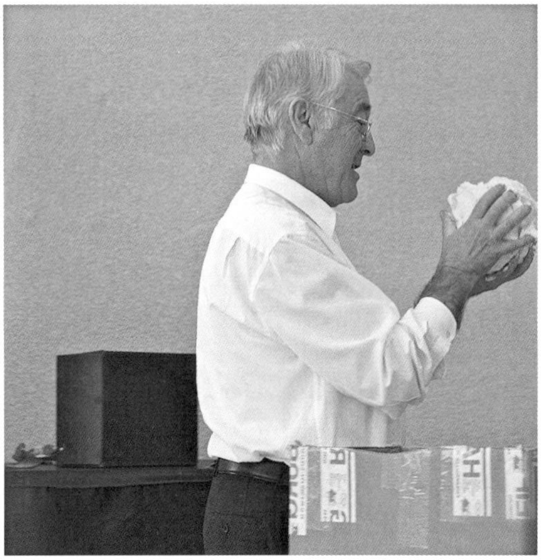
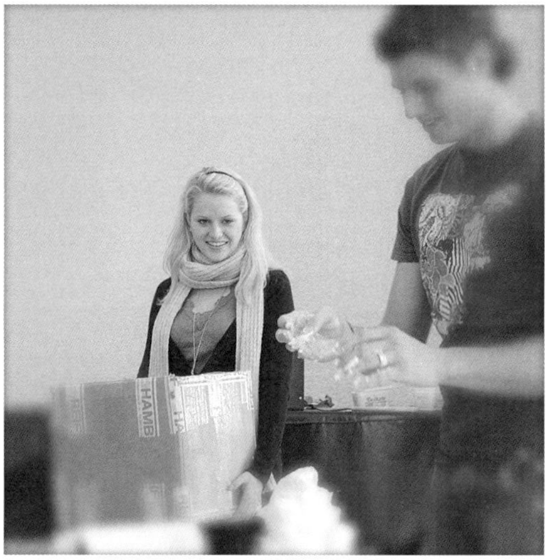
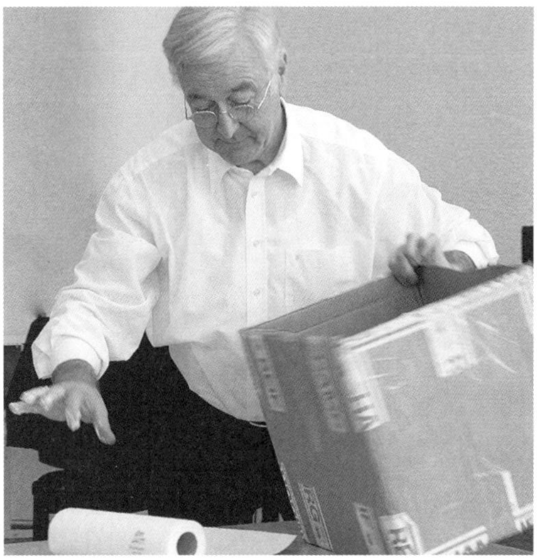
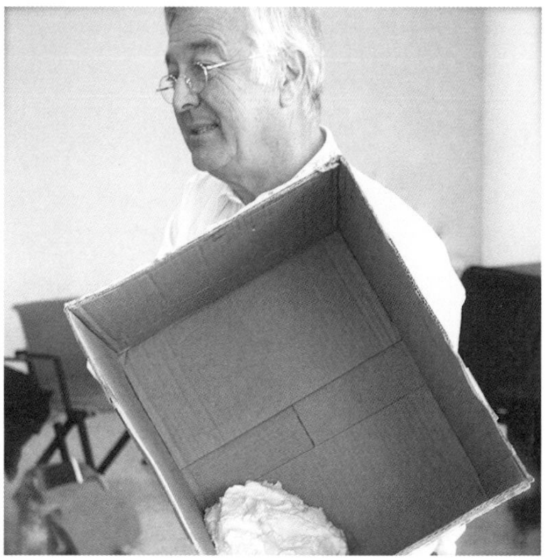

„ICH MÖCHTE VERSUCHEN, DIE SICHTBARKEIT DES WERKES VON BEUYS ZU BEFRAGEN, DAS ABER IST NICHT OHNE GEFAHR ..."

Meine Damen und Herren,

in einer gewissen Weise bin ich hilflos gegenüber der Vielzahl von Aspekten, die Joseph Beuys eröffnet hat. Er ist eine unglaublich spektakuläre Figur gewesen, ein Mensch, der sozusagen den ganzen Globus interessiert hat. Er hat mit außerordentlichem Engagement tatsächlich sehr viel bewegt. So hat er nicht nur die Stadtverwaltung von Kassel dazu gebracht, ihr Garten-, Tiefbau- und Vermessungsamt einzusetzen, um Standorte für die 7000 Eichen ausfindig zu machen und herzurichten, sondern ihm zuliebe hat auch das berühmte Guggenheim-Museum seine Front aufgerissen, um einen Fettkeil in die Ausstellung bringen zu können.[18]

Der Proklamator entscheidender Ideen zur Kunst, der große Pädagoge und – wenn man so will – der große Aktionskünstler, der den ganzen Kunstbetrieb eine Zeit lang in Atem gehalten hat –, diese Figur nun möchte ich heute von einer anderen Seite betrachten.

Sein Postulat haben wir im Ohr: „Jeder Mensch ist ein Künstler"[19] – eine Provokation, die jeder Mensch gern für sich in Anspruch nimmt, solange er allein ist –, aber sobald er in Gesellschaft ist, zögert er dann doch. Es steckt hier aber, wie ich in meiner Vorlesung zeigen möchte, ein Potenzial für die Auffassung von Kunst in der Zukunft drin, das noch überhaupt nicht ausgewertet ist und eine ganz neue Färbung hat, einen neuen Charakter bekommen wird, wenn man sich das genauer betrachtet.

Ich habe den Eindruck, wir fangen überhaupt erst dann an, uns über Beuys zu verständigen, wenn wir ihn nicht allein über das, was er als Künstler in der Kunst bewirkt *hat*, zu verstehen suchen, sondern auch über sein Wirken in anderen Lebensbereichen, etwa im Bereich der Wissenschaft. Das ist nun so vielfältig, dass ich mit einer gewissen Resignation und nur aus meiner ganz persönlichen Suche nach Ansätzen etwas dazu sagen möchte – aus der Fragestellung heraus: Was ist denn an Beuys Kunstwerken zu *sehen*?

Ich möchte versuchen, die Sichtbarkeit des Werkes von Beuys zu befragen. Das aber ist nicht ohne Gefahr, denn einerseits finden wir eine Fülle von Interpretationen über seine Kunstwerke und Ideen, über die es natürlich furchtbar viel zu erzählen gibt – schockierend für die einen, belustigend für die anderen. Andererseits stoßen wir auf das Programmatische, auf Menschen, die in der Nachfolge von Beuys Ideen produzieren und leben. Sie behandeln ihn wie den großen Meister, dessen Ideen man schon vereinnahmt hat. Dazu gehört als ideeller Hintergrund, das von

2 I Michael Bockemühl, **Fettecken** – Aktion im Seminar zu J. Beuys plastischer Theorie und F. Schillers Ästhetik, Fotografien: Anke Loewensprung, Januar 2009

ihm überhaupt nicht als problematisch – aber von den Interpreten teilweise als sehr problematisch – angesehene Verhältnis zum Gedankengut Rudolf Steiners[20]. Dazu gehört auch die Versuchung, darüber zu verhandeln, was nun seine einzelnen Kunstwerke bedeuten und welche Lehre er mit ihnen verbindet.

Beuys selbst hat in einer unglaublichen Fülle von Selbstinterpretationen den Spekulationen in dieser Richtung einen nicht geringen Vorschub geleistet. Auch hat er ständig mit den Leuten geredet und ihnen gesagt, was sie sehen. Er hat die Bedeutung erklärt und wurde nicht müde, auch auf die dümmsten Fragen liebevoll und endlos zu antworten.[21] Ich habe mich oft gewundert, woher er diese Kraft nahm, auf diese Fragen derart liebevoll zu antworten und mit einem solchen Engagement auf jedes Argument, was ihm entgegengebracht wurde, einzugehen.

Ich verdanke es Volker Harlan[22], der in Bochum ein Gespräch mit Joseph Beuys in einer kleinen Arbeitsgruppe veranstaltet hat, dass ich ihm persönlich begegnen konnte. Er stieg morgens um halb neun Uhr aus dem Zug mit Hut und Anglerjacke und kam mit uns ins Gespräch – einen ganzen Tag lang. Weil ich damals noch gar nicht würdigen konnte, was das bedeutet, und mir vielleicht bedeutende Menschen nicht so bedeutend vorkamen, ergab sich wirklich die Gelegenheit eines unbefangenen Gesprächs (23. April 1979):

Michael Bockemühl: *Da hab' ich noch eine Frage, die noch mal ein bisschen in die Richtung der Form zielt. Wie ist das mit der Substanz? Das kann ich verstehen, wenn ich zum Beispiel Fett angucke in großer Menge, wenn ich das nicht gewöhnt bin, das hat eine gewisse Überwältigung, da wirkt der Stoff sehr stark auf mich; oder wenn ich Steine so anguck', wenn ich mich da rein vertiefe, dann wird das ziemlich massiv, gerade Steine. Jetzt hat mir jemand erzählt, Herr Beuys hätte eine Honigpumpe auf der documenta gemacht … Find' ich eine ganz prima Idee. Der hat es mir ziemlich genau geschildert, und das war dann so gut, dass ich gar nicht mehr Lust hatte, mir das direkt anzugucken. Ist bei dieser Honigpumpe die Idee schon so gut oder muss ich das auch sehen? Wie meinen Sie das: Muss mich das überwältigen, oder genügt das, wenn ich da eine gute Idee einfach mir richtig gut vorstelle – da hab' ich auch einige Übung drin – oder muss ich tatsächlich hingehen?*

Joseph Beuys: *Nein, Honigpumpe ist ja auch eine Sache, die schon so als Begriff wirkt; also der Begriff Honigpumpe ist ja als Literatur oder als Dichtung schon gut. Ich habe schon sehr lange das Ding laufen lassen ohne Verwirklichung. Den Begriff Honigpumpe hab' ich schon sehr oft gebraucht, und mit Honig hab' ich schon sehr oft solche Texte gemacht und solche Sachen. Und dann hab ich's mal da wirklich eingerichtet, aber ich hätte es nicht eingerichtet ohne die Menschen. Ich hätte das niemals als Skulptur selbstständig verwirklichen wollen, sondern ich hatte ja damals die Möglichkeit, die Internationale Freie Universität auf der documenta auftreten zu lassen als Honigpumpe (…) und dann können die Menschen unmittelbar um diese Honigpumpe herum die Honigpumpe als Grundidee verwirklichen, sowohl als Zeichen, als Maschine, aber auch geistig, indem sie hundert Tage da sich über ihre eigenen Ideen informieren, mit anderen Menschen zusammen sprechen, Verbindungen herstellen usw. Und diese Honigpumpe ist also nicht denkbar nur als Sache, nur als Maschine oder als Skulptur. Die Menschen gehören eigentlich dazu, und dann hat die Honigpumpe durchaus die Möglichkeit, gewisse Prinzipien des Menschen einfach mal in zeichenhafter Form – es ist ja schließlich ein Mechanismus, kann also nur im übertragenen Sinn stimmig sein –, zum Beispiel Zirkulationsprozesse, abzubilden.“*[23]

Aus heutiger Sicht wäre ich sicher vorsichtiger gewesen, hätte sicher schlauere Fragen gestellt, aber was mich damals wirklich interessierte, war seine fantastische Idee, die er – so habe ich es verstanden – versinnlicht hat. Meine Auffassung aber war, man solle in der Kunst keine Ideen versinnlichen, sie nicht in eine sinnlich erfassbare Form übersetzen. Denn

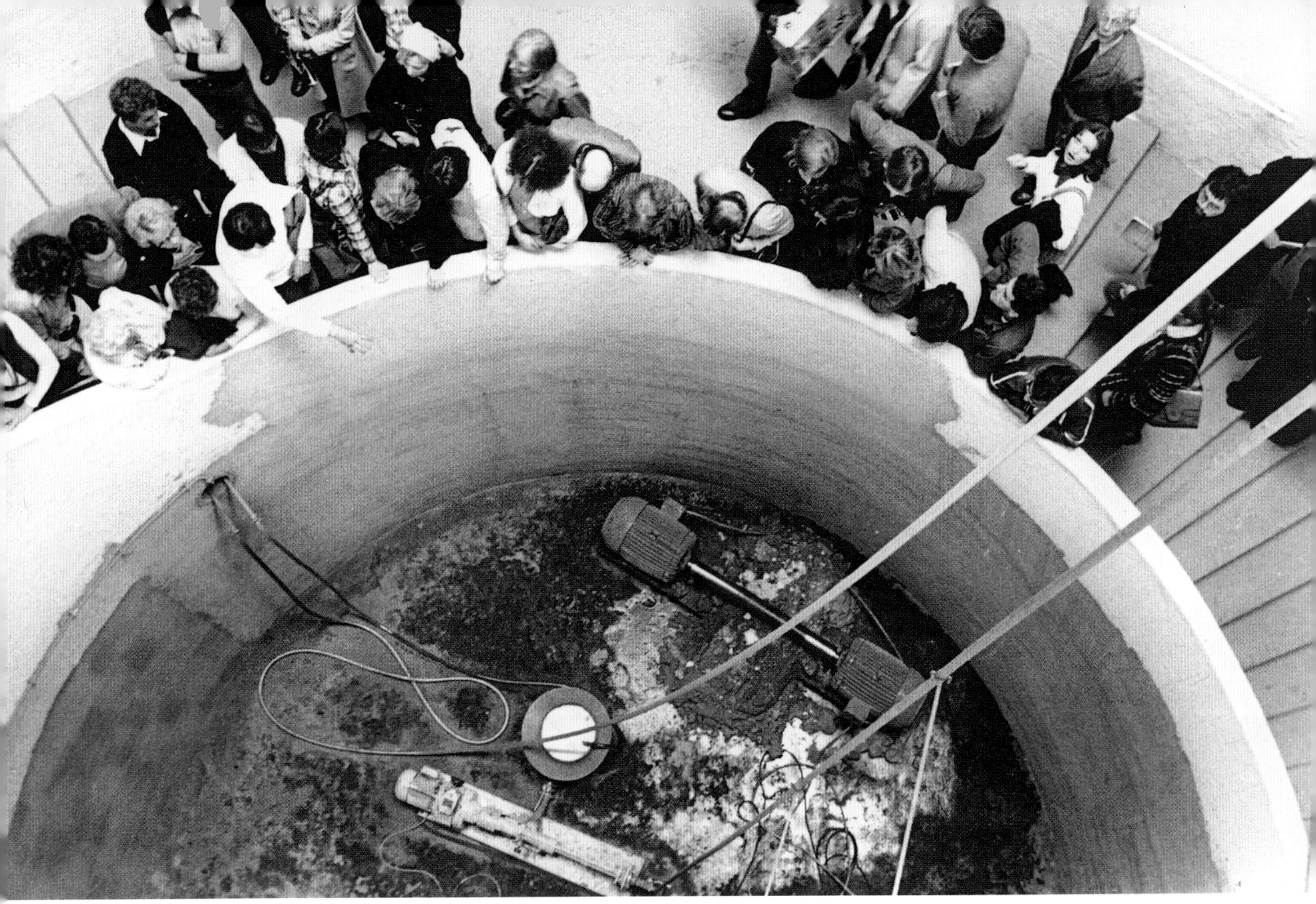

wenn es um Ideen geht, kann ich sie mir innerlich vorstellen und ausmalen und es wäre überflüssig, sie auch noch in einer äußeren Form zu realisieren. An diesem Punkt stellen sich tiefgreifende Fragen: Welchen Status hat das Kunstwerk bei Beuys? Kommt es überhaupt noch vor? Welche Bedeutung hat die Sichtbarkeit seines Werkes?

Wenn ich heute im Rückblick daran denke, sehe ich, dass Beuys das, was ich damals aus einer gewissen Begeisterung für Friedrich Schillers Ästhetik mitbrachte, in einer ganz anderen Weise erfüllt hat. Für Schiller besteht das Künstlerische weder in der Realisation des Ideellen noch in der Idealisisierung des Realen, sondern in der Aufhebung dieser einander polar gegenüberstehenden Kräfte im Kunstwerk. Genau in diesem Spannungsfeld stand die Frage nach der Sichtbarkeit von Beuys Kunst eben damals zur Debatte.

Stellen Sie sich vor, irgendein Priester im Mittelalter hätte sich vor seine Gläubigen gestellt und das Altarbild interpretiert. Die Menschen wären davongelaufen, denn das Altarbild interpretierte sich von selbst durch das Leben mit dem Kunstwerk. In einem ähnlichen Sinn hat er zu einer Art neuen Leben mit der Kunst aufgefordert. Es waren eben nicht nur nachgeschobene Erklärungen, die Beuys zu seinen Kunstwerken gegeben hat, seine Interpretationen waren nicht so sehr begrifflich-gedanklich, sondern auf einer ganz anderen Ebene. Um sich dem etwas anzunähern, möchte ich heute das Werk von Joseph Beuys und seine künstlerische Arbeitsweise unter drei Zugängen behandeln: unter dem Aspekt der Sinnlichkeit, der Tat und der Zeichenhaftigkeit, des Mals.

3 | Joseph Beuys, **Honigpumpe am Arbeitsplatz**, 1977,
Foto: Dieter Schwerdtle

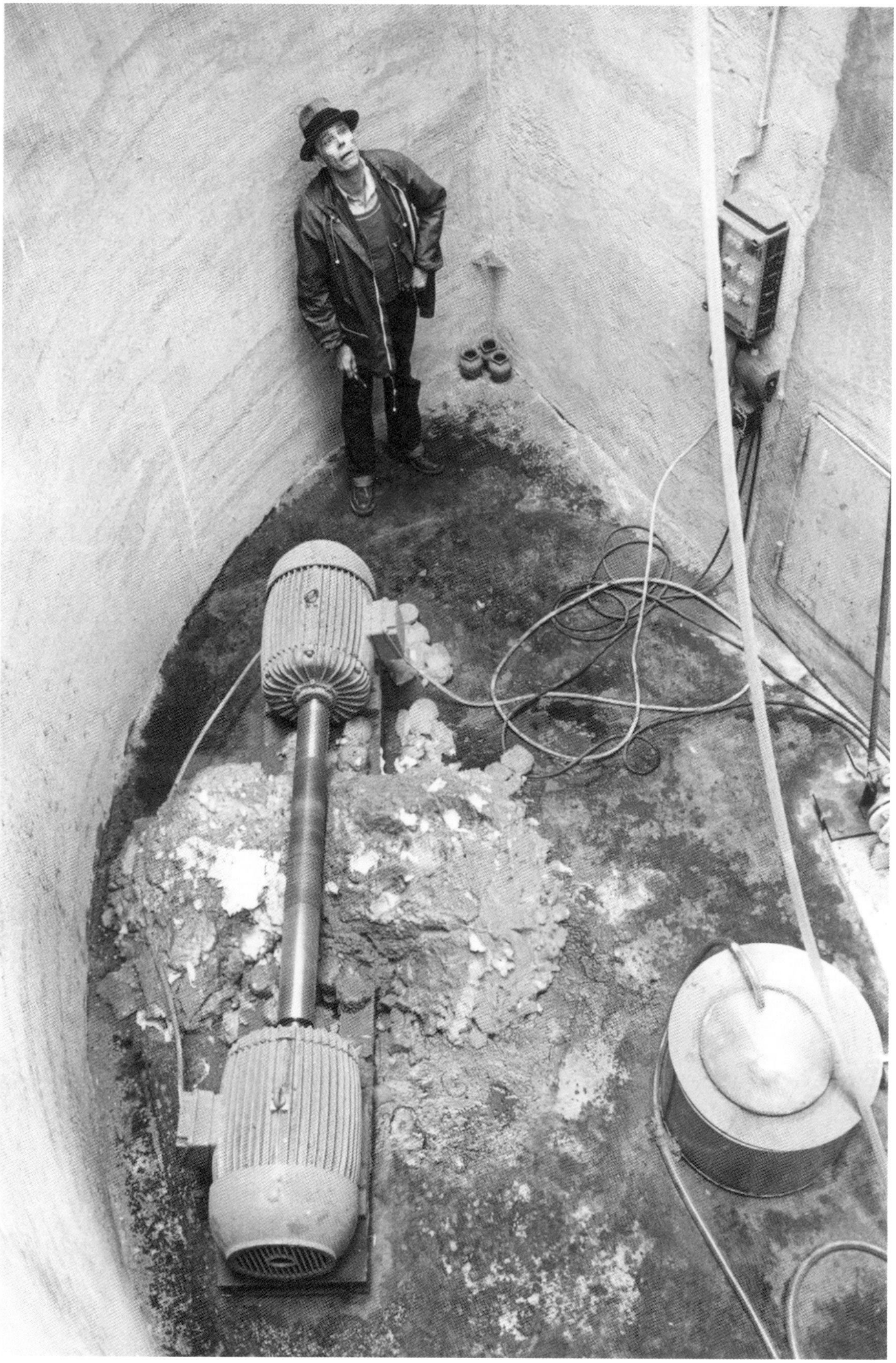

In Bezug auf die Sinnlichkeit erscheint es ja immer wieder rätselhaft, wie etwas sinnlich und trotzdem spirituell fassbar sein kann. Anders gesagt: Wie kann sich Geistiges durch unsere äußeren Sinne mitteilen, oder wie kann die Idee einer künstlerischen Arbeit sinnlich fassbar werden? Kommt das, was sich bei Beuys tatsächlich sinnlich zeigt, zusammen mit der Idee, bildet es eine innere Einheit mit dem Konzept, oder fällt das auseinander? Sind es nur große Seifenblasen, große Erklärungen und nachher ein Filzlappen, der mit dem Gesagten überhaupt nichts zu tun hat?

Wenn Beuys von der *Sozialen Plastik* spricht – wir werden darauf später noch zurückkommen –, was bedeutet das? Wie sinnlich ist diese? Können wir sie sehen? Können wir da von Wahrnehmung sprechen? Oder ist das nur übertragen, nur metaphorisch gemeint? Was unterscheidet denn dann das Sinnliche im Bereich der Kunst von der Sinnlichkeit im übrigen Bereich, der nicht Kunst ist? Was überhaupt macht noch einen Unterschied, wenn ich das ganze Leben zur Kunst erkläre?

Wir werden darauf stoßen, dass es sich hier darum handelt, in einer Art subkutanen, nicht ganz in Begriffe zu fassenden Neuformulierung der Frage nach Stofflichkeit nachzugehen. Ich meine jetzt nicht Textil, sondern Stoff im Sinne von Materialität überhaupt: Kann ich als ein Ich ein anderes Wesen sinnlich überhaupt erfahren? Wie kommt das Wesenhafte des anderen in mich und wie kann ich das erfassen? Kann ich es überhaupt? Oder bleibt da immer etwas Unverfügbares, Fremdes, Unüberbrückbares, das zugleich essenziell ist für das Erkennen der Plastizität, der Formbarkeit der eigenen Wahrnehmung und des eigenen Denkens?

Der zweite Bereich ist, dass Joseph Beuys sich sehr viel in Aktionen ausgedrückt hat und sein Kunstwerk oft darin bestand, dass er etwas *getan* hat. Was ist nun in diesem Zusammenhang Tat im Vergleich zur Erkenntnis? Sie können im Bett liegen und wunderbare Erkenntnisse haben, die noch längst nicht zu einer Tat werden müssen, und oft ist man froh, dass nicht jede Erkenntnis zur Tat wird. Damit ist diese merkwürdige Frage nach dem Gedanken und seiner Umsetzung in die Tat verbunden: Gibt es eine Tat, die nicht allein Umsetzung, sondern ein eigener Vollzug, ein eigener Wert sein kann? Eine Tat, die Ideelles und Tätiges in sich vereint?

Der Wille ist ja ein Mysterium. Um Ihnen das zu verdeutlichen, möchte ich Sie freundlich fragen, ob Sie sich hergeben würden zu einem Selbstexperiment. Schauen Sie einmal ihren Zeigefinger an und sagen Sie sich: jetzt bewege ich ihn. Jetzt machen Sie das Gleiche noch einmal und sagen sich wieder, dass Sie ihn bewegen wollen, doch dieses Mal lassen Sie den Finger steif. Dann bewegen Sie ihn doch. Dieses Experiment ist relativ leicht und kann auch wahnsinnig komisch wirken. Mir kommt es hier aber nur darauf an, dass Ihnen der Unterschied zwischen der Vorstellung, den Finger zu bewegen, und der tatsächlichen Bewegung deutlich wird. Es ist ein großer Unterschied zwischen der Vorstellung und der eigentlichen Tat. Wir wissen nicht, wie es von der allgemeinen Überlegung zur Tat kommt. Da ist ein Abgrund dazwischen – ein Abgrund des Bewusstseins.

Dann kommen wir in einen dritten Bereich, wo ein Werk hinterlassen ist, etwas zum Anfassen, ein Bild, eine Plastik – in dem Sinne, dass da etwas geformt worden ist in und mit Stoff, in und mit Material. Damit verbunden ist die Frage: Welche Rolle spielt das Werk dann tatsächlich in Beuys künstlerischem Schaffen, das so konzeptionell angelegt war, dass man den Eindruck hat, das besteht ja eigentlich hauptsächlich in kluger Rede? Die Frage also nach der Unmittelbarkeit in der Mittelbarkeit des sinnlich präsenten Kunstwerkes.

Ich möchte im Folgenden den Versuch unternehmen, diese drei Aspekte anhand einiger exemplarischer Werkbetrachtungen miteinander ins Spiel zu bringen und so ihren Zusammenhang zu erhellen.

4 | Joseph Beuys, **Honigpumpe am Arbeitsplatz**, documenta 6, 1977, Foto: Dieter Schwerdtle

ERSTER ZUGANG

DAS SINNLICHE

„Ja, ich glaube, dass in der Materie alle entscheidenden Fragen von Welt, Mensch und Geist enthalten sind. (…) Der Mensch ist überhaupt nicht anders denkbar als einer, der Materialien formt. Schon die Sprache, aber auch das Denken ist ein Formvorgang." [24]

Joseph Beuys

5 | Joseph Beuys, **Erdtelefon**, 1968 (Ausschnitt)

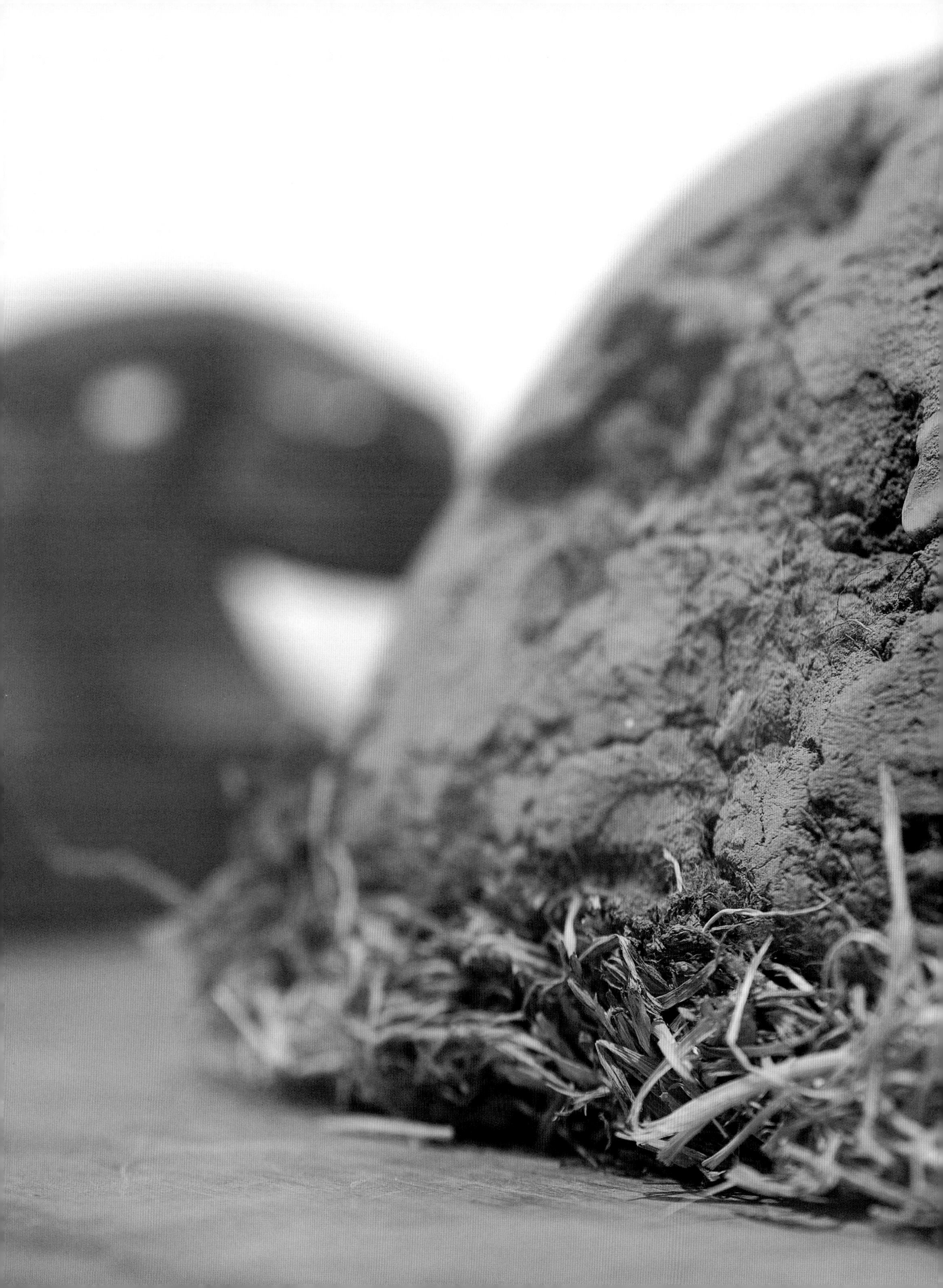

Mein Zugang zu Beuys Werk waren nicht die Gespräche mit ihm, waren nicht seine großen Aktionen, sondern er entstand beim Betrachten einer kleinen Zeichnung mit Eisenoxid beziehungsweise Rost auf Karton von 1951.

Es gibt Menschen, die immer noch zu der Ansicht neigen, hier sei nicht viel drauf. Das ist aber vielleicht auch die Chance dieses Gebildes, denn mit dem „Draufsein" auf irgendwas hat es ja auch eine Bewandtnis. Es lässt sich angucken und immer wieder angucken – es bewegt sich nicht. Aber unter Umständen können Sie sich nach und nach fragen: Was passiert denn, wenn ich es ansehe, selbst wenn ich damit nicht zu einem Ende, zu einem Ergebnis komme?

Die Frage ist, wie gehe ich damit um? Wenn Sie Ihr Auge lockerlassen und sich in dieses Gebilde hineinträumen: Wo gucken Sie hin? Was entsteht, wenn Sie sich eine Zeit lang verdeutlichen, wohin Ihr Blick durch die bildlichen Elemente geführt wird? Beispielsweise könnte es sein, dass Ihr Blick auf einen Klecks fällt. Das Bild fällt ja auseinander: in gekleckste, flächenartige Elemente sowie in gezeichnete Linien.

Bemerken Sie, dass es einen Unterschied macht, ob Sie eine Linie oder einen Klecks ins Auge fassen? Was passiert zum Beispiel, wenn Sie oben Ihren Blick an einer der Linien ansetzen und dann nach unten gehen? Bemerken Sie, wie der Blick von der Linie ergriffen werden kann? Und wenn Sie am oberen Rand einen vereinzelten Klecks ins Auge fassen: Können Sie beobachten, dass ein solches Gebilde wenig Anlass bietet, von ihm wegzugehen –, es sei denn, der Klecks ist in die Länge gezogen? Dann wird eine Richtung in das, was eigentlich den Blick festhält, gebracht. Der Blick kommt in einer bestimmten Weise in Bewegung.

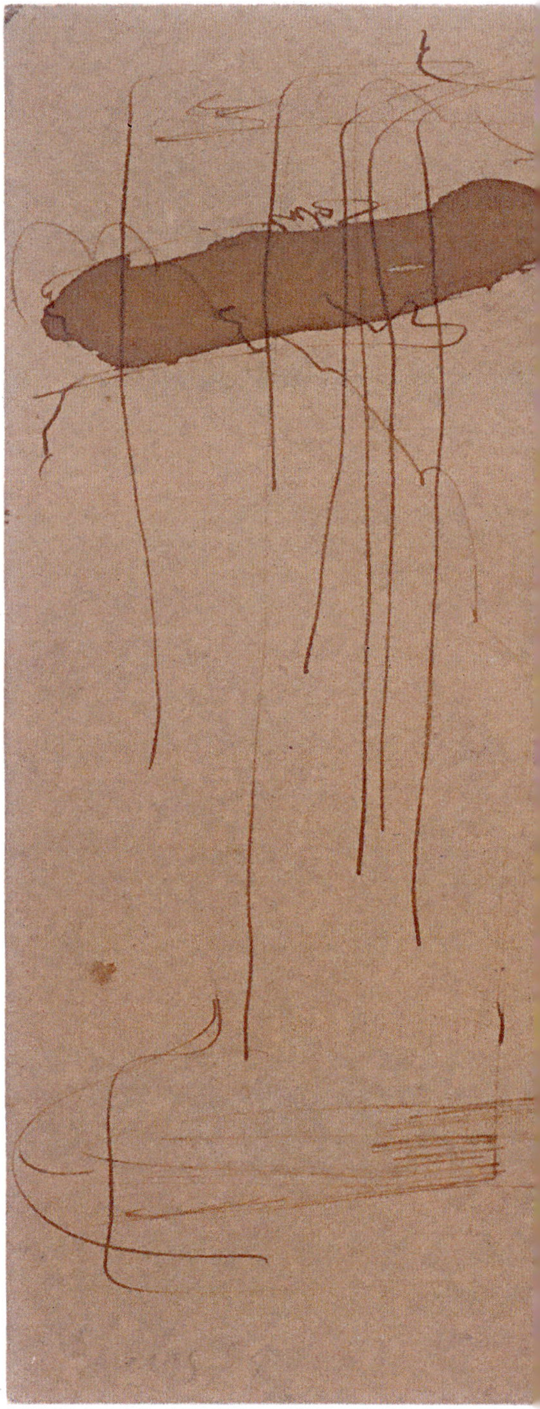

6 | Joseph Beuys, **ohne Titel**, 1951

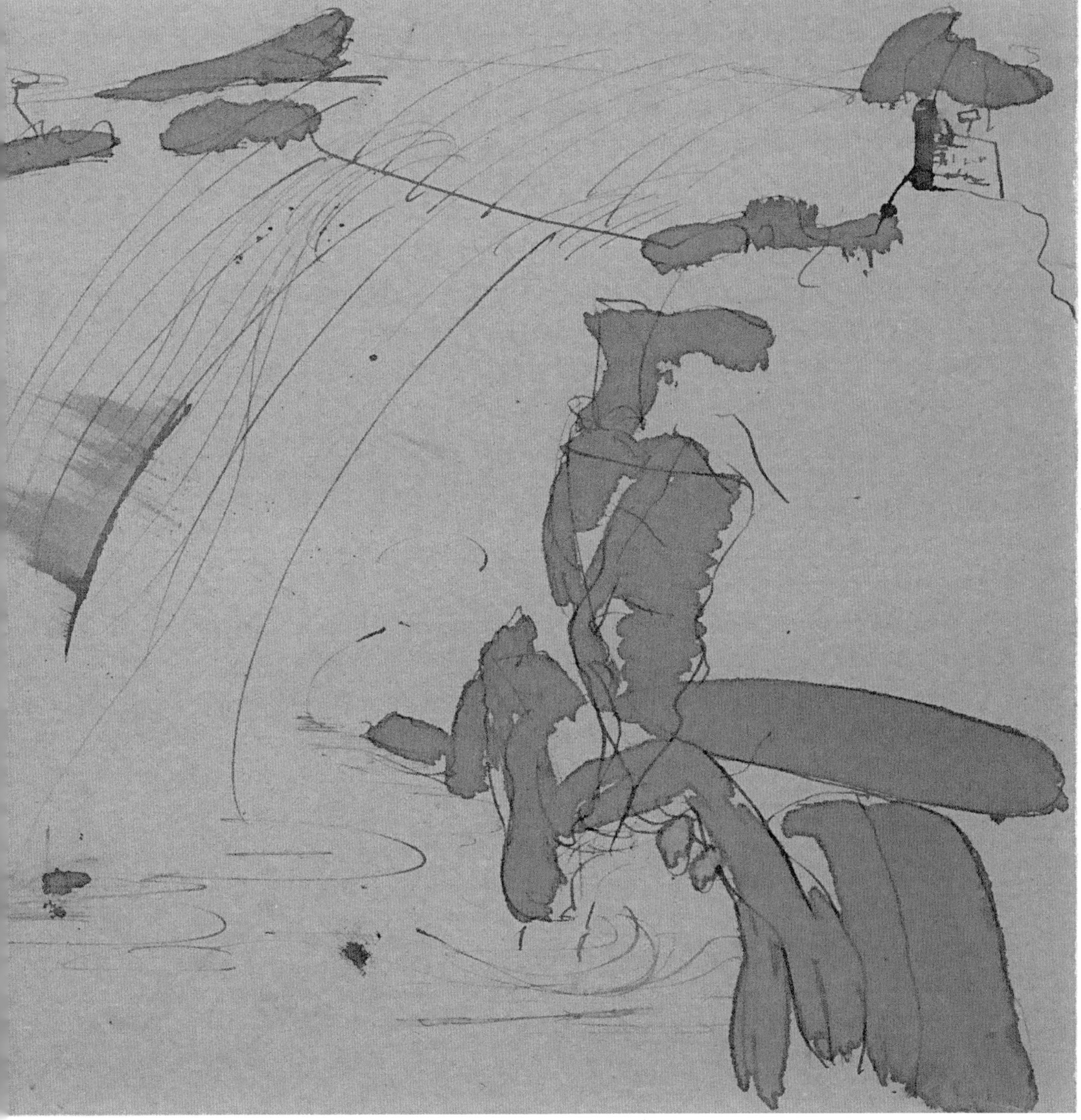

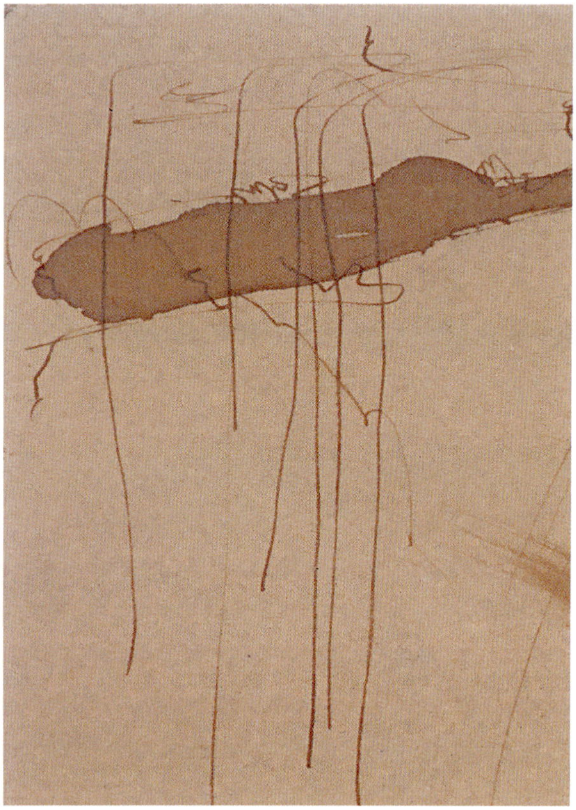

A

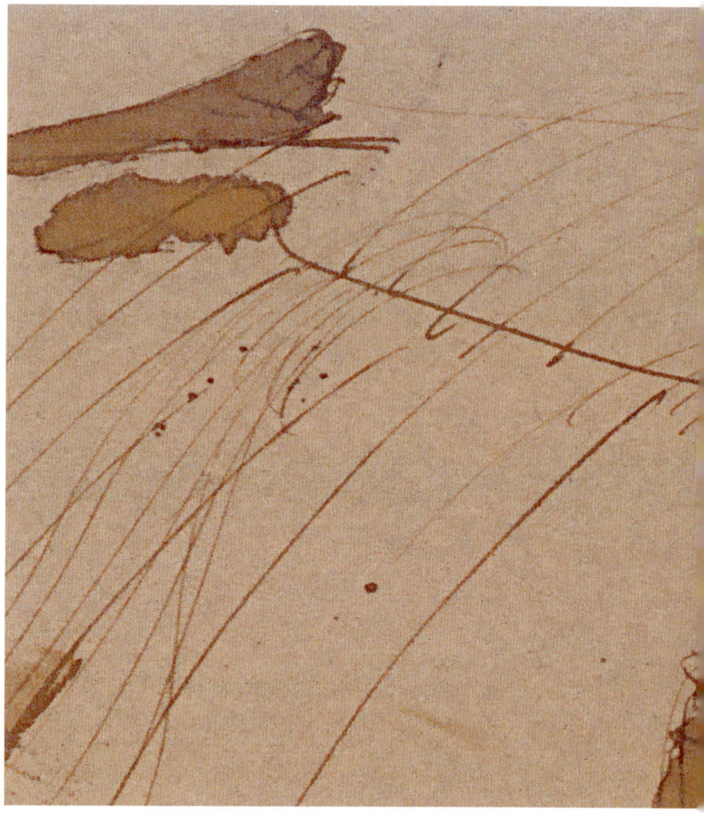

B

Wenn Sie den senkrechten Linien folgen, die das flächige Gebilde links oben durchkreuzen (A) und mit dem Blick nach unten gehen, dann fasert er aus, dann hören die Richtungen auf und wir kommen parallel zum unteren Bildrand in eine Zone mit einer dynamischen horizontalen Zeichnung (Abb. 6, S. 24). Wenn Sie konzentriert schauen, ist dieser Bereich dadurch charakterisiert, dass der Blick plötzlich hin und her geht. Folgt er den Linien nach rechts, dann kann er an den schwungvollen, gebogenen Strichen wieder nach oben gehen (B), er kann aber auch an das dichte Konglomerat von Flächensetzungen rechts herangeführt werden (Abb. 6, S. 25). Wenn der Blick dort eine Zeit lang verweilt, was von der Struktur der Fläche eigentlich auch veranlagt wird, was entsteht dann? Ist das nur flächig zu fassen? „Es wird etwas räumlich, es kommt wie nach vorne, springt nach hinten und wird fast wie gegenständlich, als könne man darum herumgehen." „Es steht plötzlich wie vor dem Hintergrund, der zurückweicht, während die Linie immer mal wieder in der Fläche liegt, aber sich plötzlich auch abhebt."

Wenn Sie Ihren Blick nach oben lenken, ist da eine ganze Sequenz von einzelnen Gebilden, dazwischen wieder Linien, und dann rechts die einzige Kompromissform, wo dieses flächige, punktuelle oder ausgezogene, sich vergegenständlichende oder sich verräumlichende Element mit den Linien zusammengeführt ist.

Links von der Mitte des Bildes findet sich ein etwas kräftigerer Strich, der eigentlich von unten nach oben geführt ist, dann aber offenbar mit dem Finger zur Seite gewischt wurde, als er noch nass war, sodass plötzlich in diese lineare Struktur, die ja wie so ein Wasserfall von oben nach unten oder – sozusa-

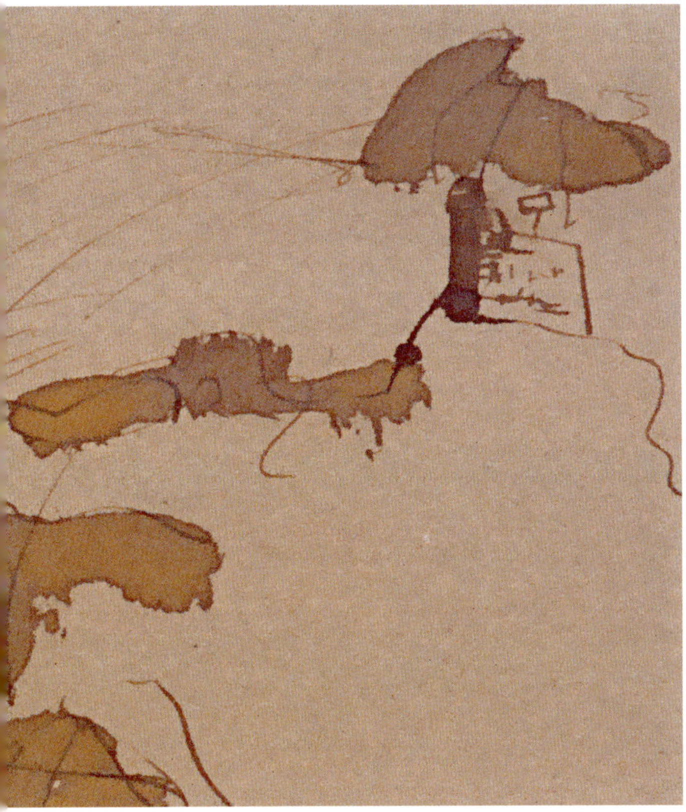

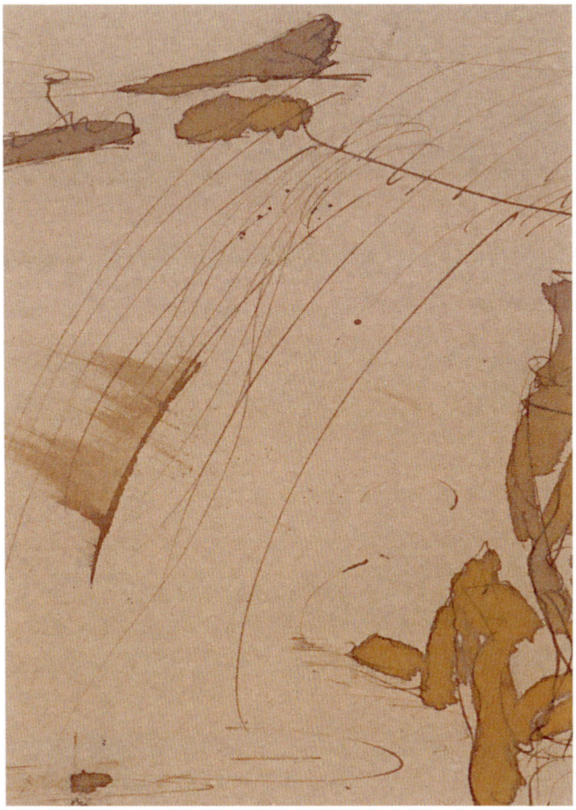

C

gen gegen den Strich – von unten nach oben gelesen wird, ein Akzent kommt, der nun den Blick wieder nach rechts und links führt (C).

Doch was soll das? Augengymnastik? Was kommt dabei heraus? „Jetzt hat er überhaupt nichts gesagt. Da kann ich ja auch ein Stück Holz angucken!" Das denken Sie jetzt vielleicht. Ich kann dazu nur sagen: Gucken Sie sich ein Stück Holz an! Gehen Sie in den Wald und gucken Sie das Gewirr der Zweige an. Da kriegen Sie das Programm auch nicht vorhergesagt. Hier wie dort spielt sich etwas als Bewegungsspur ab, was sich nicht letztgültig als gedanklich fassbar figuriert. Diese Dynamik entsteht immer nur dann, wenn Sie es tun: wenn Sie Ihre Blicke aufmerksam schweifen lassen. Kunst ist kein Sessel, in den wir uns zurücklehnen können, sondern sie fordert ein Minimum an hingebungsvoller Aktivität.

Dies nun im Einzelnen zu verfolgen ist hier gar nicht möglich, denn dann wäre das Stündchen schon vorbei. Kunst sehen dauert, es entsteht in der Zeit und besteht aus Zeit, denn die Realität dieser Erfahrung findet immer nur statt, wenn Sie sich dem Wahrnehmungsvorgang intensiv widmen. Hören Sie damit auf, ist das Fest vorbei. Das könnte natürlich als Mangel einer solchen Zeichnung verstanden werden, andererseits aber gibt es Leute, die gehen ins Konzert und nehmen ebenfalls hin, dass es am Ende vorbei ist und nichts bleibt. Aber stimmt das denn? Wir haben es hier mit zeichnerischen Elementen zu tun, die uns ins Prozessuale, ins Tätige führen können, womit sozusagen ein leiser Anstoß zur Musik, zum musikalischen Erfahren gegeben wird.

Diese Zeichnung hat es in sich. Ich kann sie beschreiben als einen Bestand. Ich kann sie beschrei-

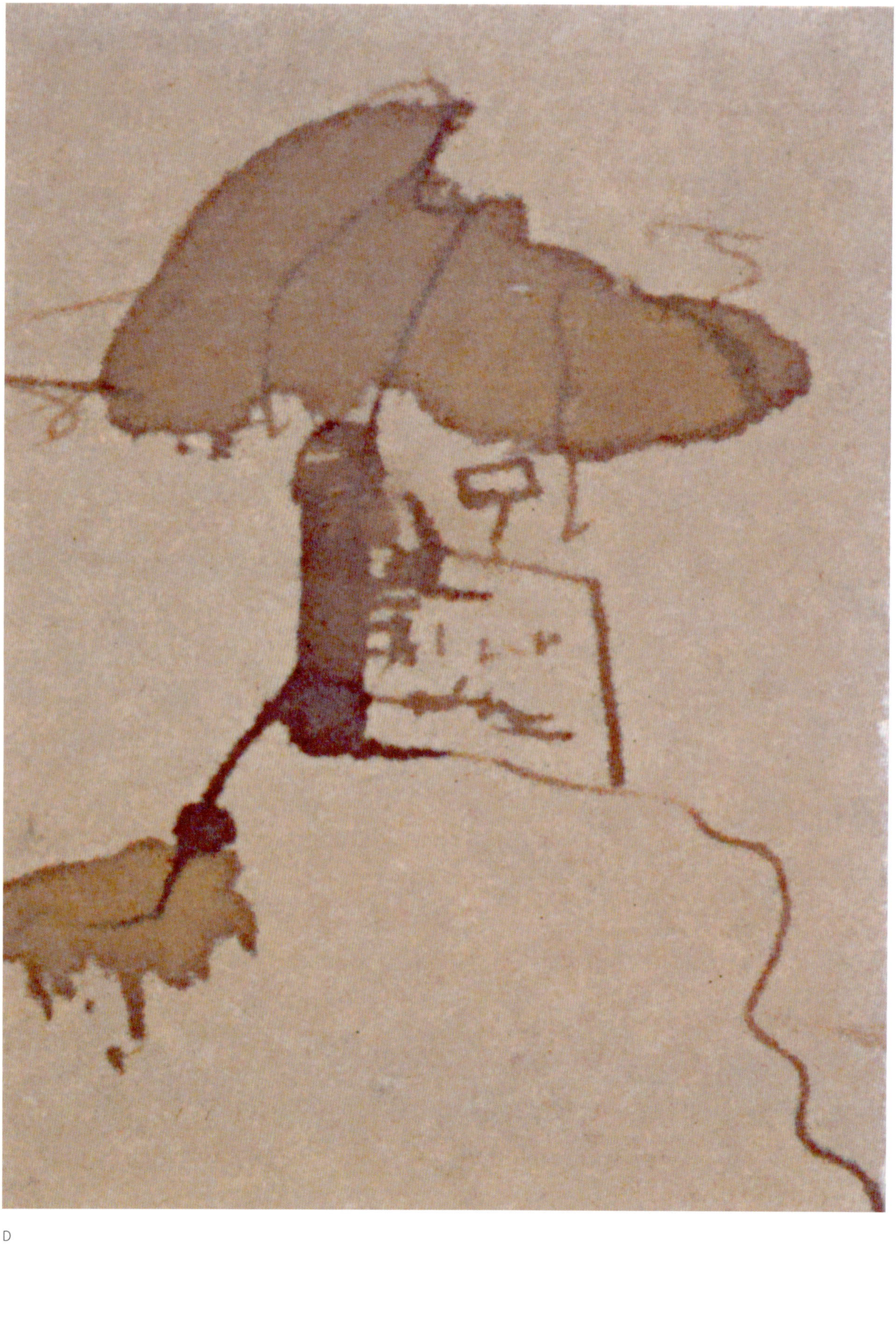

D

„Kunst ist zur Erziehung der Sinne da, zur Entwicklung neuer Organe, die wir vielleicht noch gar nicht haben.“ [25]

Joseph Beuys

ben als die Anregung zu einem Prozess. Ich kann sie aber auch noch beschreiben auf das hin, was ich als Abbild erkennen kann – sie berührt jede der drei Ebenen, die ich eingangs angeschnitten habe: Sinne, Tat und Zeichen.

Was würden Sie denn sagen, wenn Sie das Gebilde rechts oben in der Ecke (D) für sich sehen? „Ich sehe einen Hundekopf, die Schnauze zeigt zum rechten Bildrand.“ Ja, und wenn das jetzt losgeht, dass Sie jetzt „Hundekopf" sagen, dann ist dieser Prozess der Zuordnung nicht mehr anzuhalten! Ist das dann der Hals da unten dran? Und wie ist das zu verstehen, was unterhalb des „Hundekopfs“ zu sehen ist? Es sieht aus, als hätte Beuys hier eine kleine Batterie – mit Plus- und Minuspol – gezeichnet, und der einzige Strich, der aus dem Bildformat herausführt, ist vielleicht sogar als Kabel dieser Batterie zu interpretieren.

Wenn Sie aufmerksam nachvollziehen, was wir soeben versucht haben, können Sie nach und nach bemerken, dass hier zwei polare Bildelemente – Linie und Fläche – in ein interessantes Verhältnis und so miteinander ins Spiel kommen, dass sie sich gegenseitig aufheben – aber auch einander bestätigen. Zum einen haben wir hier eine Art System, das auf Bewegung, auf Bewegungsfolge, auf Anhalten und wiederholtes Impulsieren angelegt ist und als reine Bewegungsspur funktioniert. Zum anderen finden wir eine Anspielung auf Dinglichkeit, die aber nicht bis zu einer Eindeutigkeit geführt wird. Man meint zwar, man könnte zum Ende kommen, doch dann geht es doch nicht auf. Und immer dort, wo das Auge anhalten will, findet es sogleich wieder den Anstoß zur neuen Suche.

Es ist bezeichnend für das Werk von Beuys, dass es entweder Anlass bietet, darüber zu sprechen und zu argumentieren oder es zu verwerfen. Nur selten kommt es dazu, dass es wirklich angesehen wird. Ich finde diese Zeichnung so aufregend und für mich entscheidend, da ich hier zum ersten Mal bemerkt habe, dass man die Kunstwerke von Joseph Beuys auch *ansehen* kann. Diese Idee haben ganz wenige Menschen.

Wir konnten sehen: Joseph Beuys lässt sich alle Optionen offen, er erzeugt verschiedene Charakteristika. Drei Schichten von Bildlichkeit konnten wir beobachten. Die eine nenne ich das Abbildliche, die andere das Aktionsbild oder das Tatbild und das dritte schließlich das Sinnbildliche, das Zeichen. Sie vergessen die Begriffe am besten wieder, sie dienen nur einer gewissen Ordnung, um hier dieses vielschichtige Phänomen zu benennen.

Haben Sie schon mal Herbstzeitlosen gesehen? Das sind leicht glasige Blumen, die ohne Laub einfach so aus dem Gras kommen zur Unzeit. Wo also nichts mehr blüht, da macht das die Herbstzeitlose, deswegen heißt sie ja auch so.

Hier also das Bild *Herbstzeitlose*. Wenn Sie es so an sich herankommen lassen, ist es ganz informell. Der graue Pappdeckel eines Zeichenblocks ist auf der linken Seite noch mit dem weiß gefärbten Rest eines abgerissenen Deckblatts beklebt und es sind einige Linien in Purpur, in Gelb und Weiß herausgezogen, die teilweise etwas zur Seite hängen.

In dem Bild wurde nur die Geste dieser Pflanze aufgenommen und mehr nicht. Keine Verschönerung, keine Landschaft drum herum, es ist die Essenz, es ist die Gebärde getroffen. Die Gebärde auch durchaus so, dass man sie mit dem Blick in einer faszinierenden Leichtigkeit auffassen kann.

Wenn ich also die Spur des Abbildlichen verfolge, dann hat Beuys eine ganz bestimmte Kennung. Das, was er abbildet, hat einen ganz bestimmten Charakter.

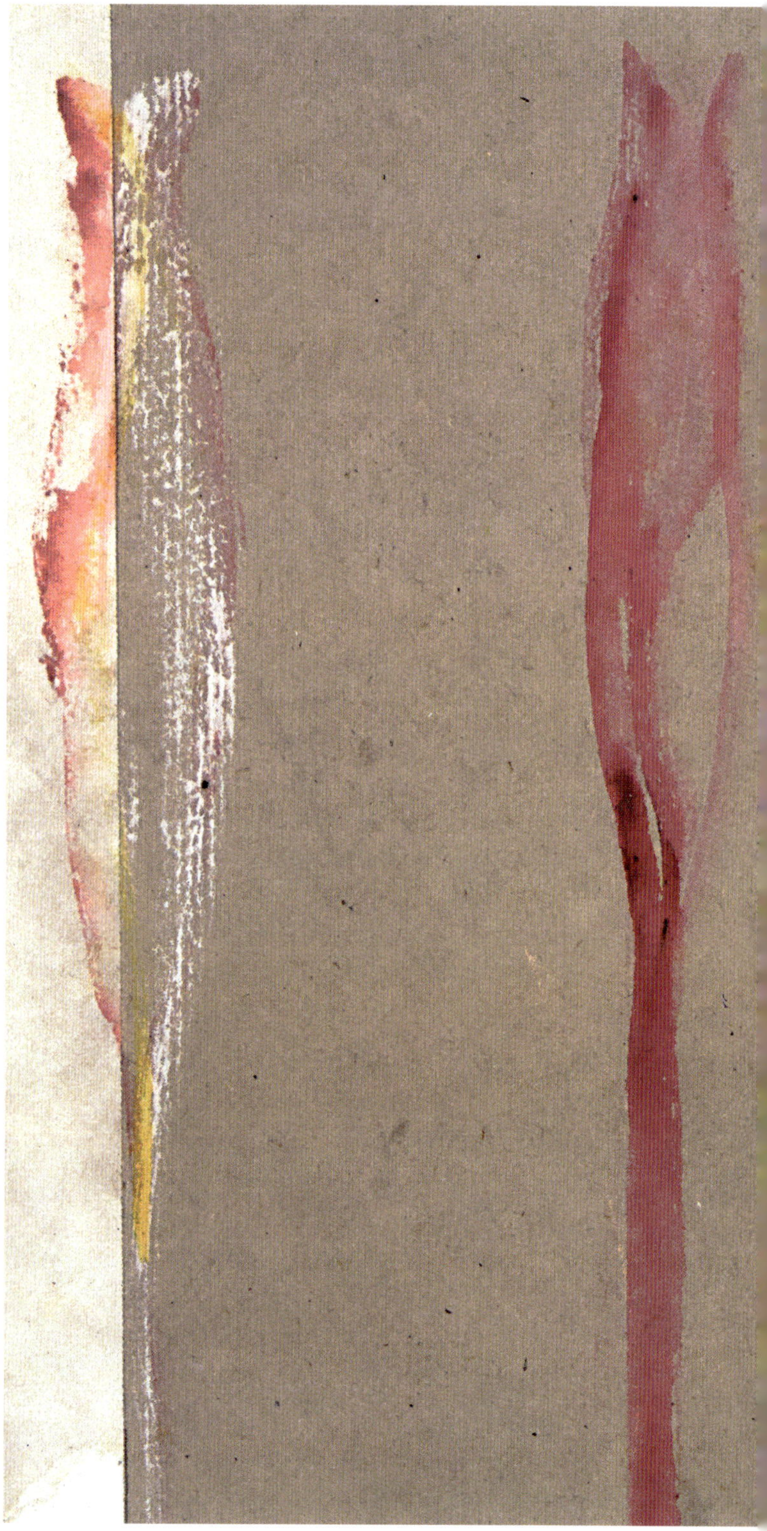

7 | Joseph Beuys, **Herbstzeitlose**, 1950

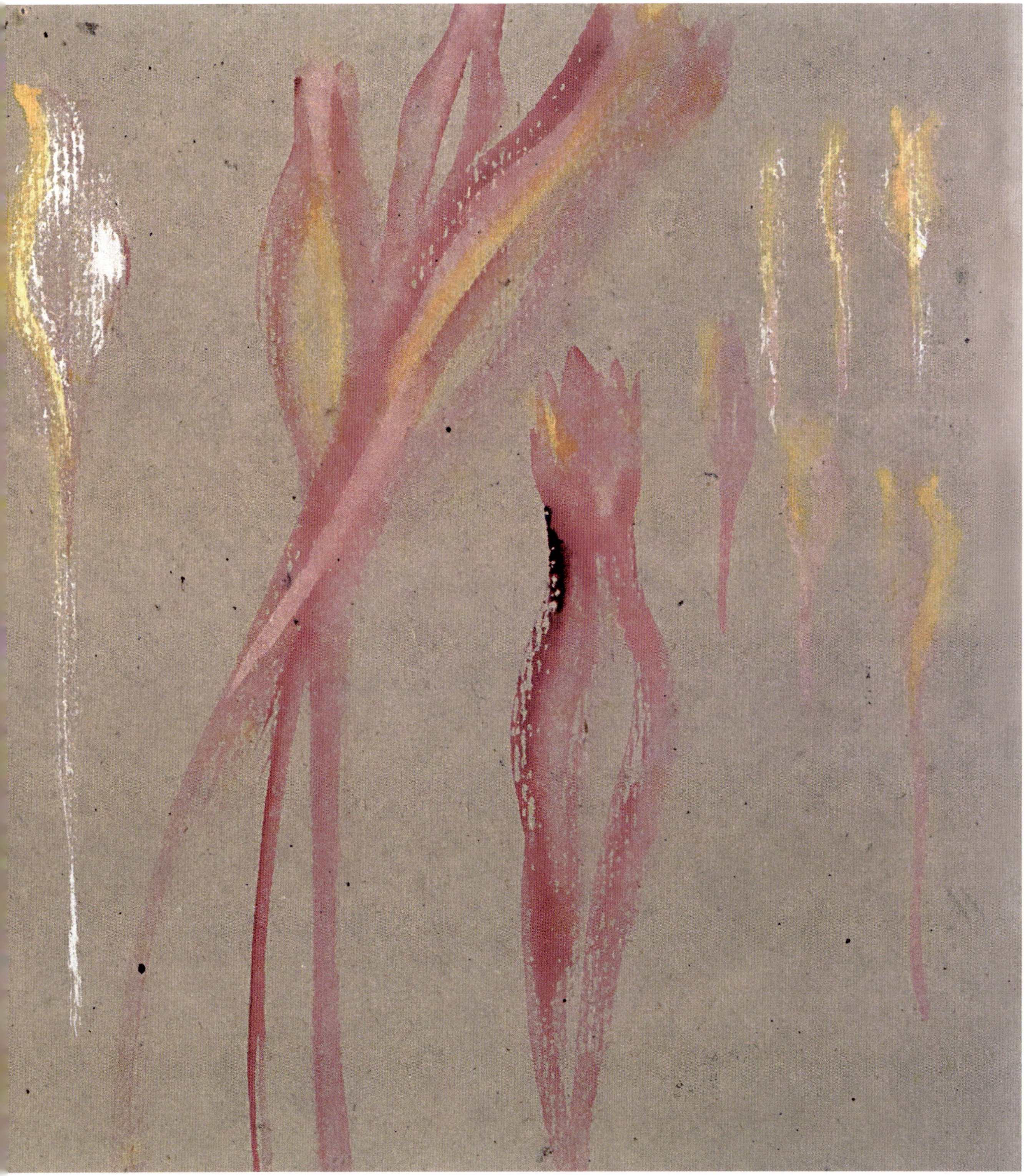

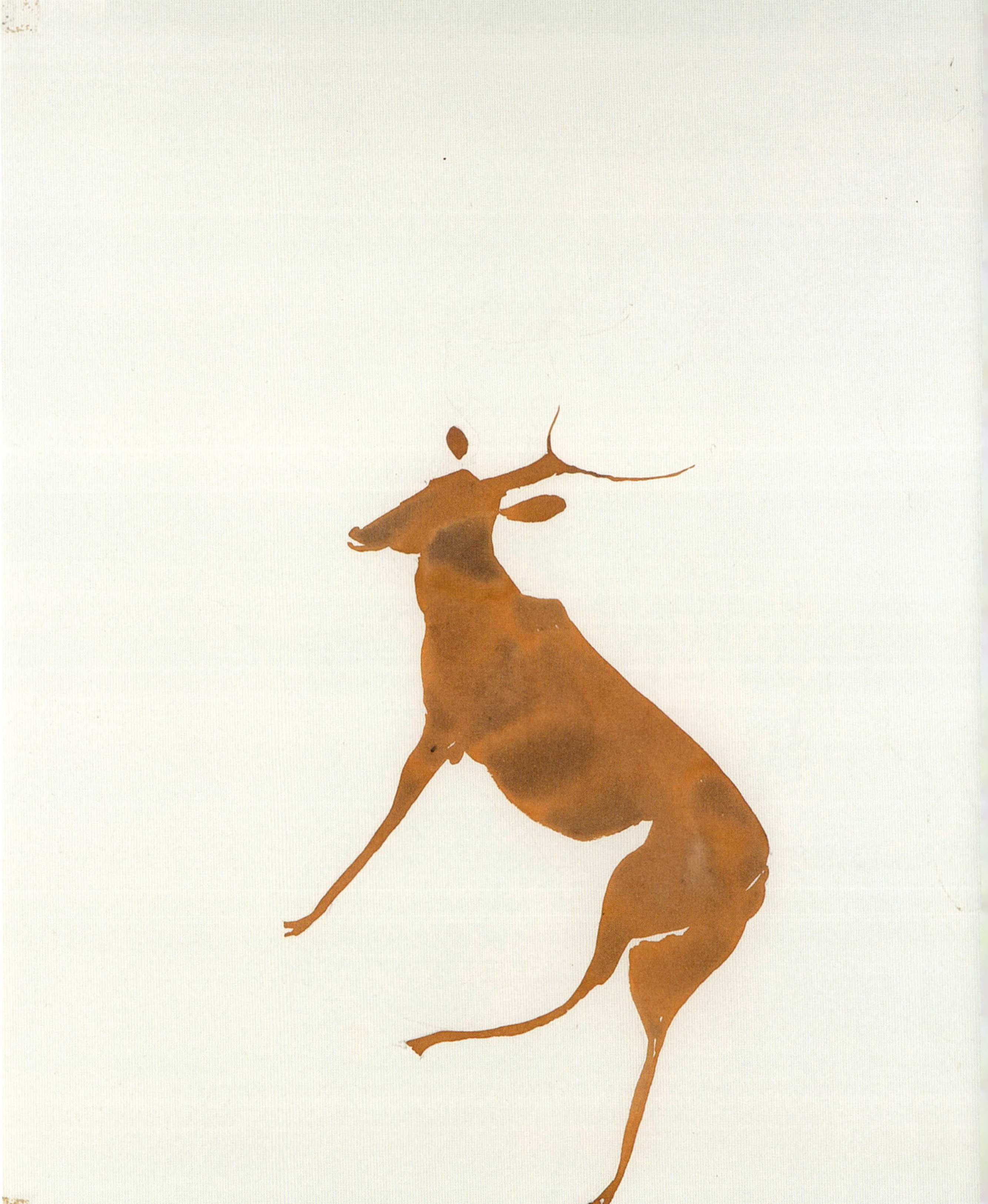

Wir sehen hier einen Hirsch, stilisiert, mit einer zarten, feinen Kontur gezeichnet, aquarelliert – es hebt sich das Gebilde mit dem seltsam hochgezogenen Geweih merkwürdig vom Hintergrund ab. Die Ohren wie kleine Spritzer, herangeführt an den Kopf, dann die Schnauze – all das tierhaft Charakteristische, was in einem solchen Gebilde steckt, was man nahezu versinnlicht sehen kann, ist in diese feine, zarte Struktur, in diese – wenn Sie so wollen – Tierrune hereingenommen, sodass der Eindruck entsteht, sehen wir diese eine, so ist eine ganze Welt damit eröffnet. Diese Berührung, das Empfinden von anderem, von Tier, wird immer wieder eine ganz entscheidende Bedeutung in der Arbeit von Beuys haben.

Das Hirsch-Bild ist nicht schief, sondern es gehört so. Es ist wichtig, dass dieses Gebilde nicht an den Kanten des Bildformats orientiert ist, sondern wie beiläufig an dieser Stelle sitzt – aber genau an der richtigen Stelle, um beiläufig zu wirken. Es wird eine vollkommen konsistente Beiläufigkeit geschaffen.

Die kompositorischen Mittel sind alle so aktiviert, dass es wie hingeworfen wirkt. Die Form, die sich auf der Fläche abzeichnet, kann nun eine gewisse Korrespondenz zur ersten naiven, ursprünglichen Kunst aufnehmen, nämlich der Megalith-Malerei.

8 | Joseph Beuys, **Hirsch**, 1957

„Der Mensch muss wieder nach unten mit den Tieren, mit den Pflanzen, der Natur und nach oben mit den Engeln und Geistern in Beziehung treten." [26]

Joseph Beuys

Es lässt sich immer wieder verfolgen, wie in den abstrakten Zeichnungen etwas Abbildliches aufscheint, das an das Tierhafte gemahnt. Hier ist zum Beispiel ein Bogen Papier, mit einer starken fetthaltigen Farbe bestrichen, in einer schwarzen Struktur, wobei der Weißgrund als Loch und als Seite durchguckt – ein abstraktes Gebilde zunächst. Darauf ist ein Briefcouvert appliziert, nach oben aufgeklappt. Auf dem Couvert sehen Sie mit Goldbronze stilisiert gezeichnet: einen Hirschschädel von vorne, angedeutet ein Geweih, das die Struktur, den Winkel der Umschlagfaltung aufgreift. Dieses Spiel der Winkel lässt sich zudem in der darunter liegenden schwarzen Malerei wiederfinden. Nun ist man alleingelassen und das zunächst abstrakte Gebilde fängt an, eine vielschichtige Sprache zu sprechen, weil noch abbildlich hineingenommen ist, diese – ich möchte sagen – Hirschrune, wobei das Loch in der Mitte ihres Schädels mit dem Loch korrespondiert, das dort in der Mitte dieser schwarzen Bahn ist.

Das undeutbare, ungestalte, grobe Gebilde unten und das scheinbar deutbare, feinziselierte Element oben sind miteinander verbunden, wodurch wiederum das tragende Material der Verbindung, das Briefcouvert als Stimmung, als Botschaft oder Inhalt – was sich auch immer an einen Brief knüpfen mag in einem bestimmten Zusammenhang – anfängt mitzusprechen, die Elemente ins Spiel zu bringen, das Ganze mit Sinn aufzuladen, je mehr man mit dem Gebilde umgeht. Es geht ganz offensichtlich um Korrespondenz in einem doppelten Sinn.

Entscheidend werden also solche Gebilde, die an Tierhaftes oder an Pflanzliches erinnern, mit denen Beuys inhaltlich immer wieder auf Tier und Pflanze zurückkommt und dann Beziehungen eröffnet zu dem, was als rein künstlerische Gestalt zu sehen ist – mit Hirsch, Biene, Schaf. Oder auch mit der Herbstzeitlose oder mit dem Gingkoblatt oder dem Akantus, mit verschiedenen Blättern, die er dann nimmt und vereinzelt auf ein anderes Blatt klebt. All das hat abbildlichen Sinn, es bewegt sich in der Spannung zwischen Zeichenhaftigkeit und freier Gestalt. Es gewinnt darin eine eigenständige Präsenz.

Jetzt ein Sprung.

9 | Joseph Beuys, **ohne Titel**, 1969

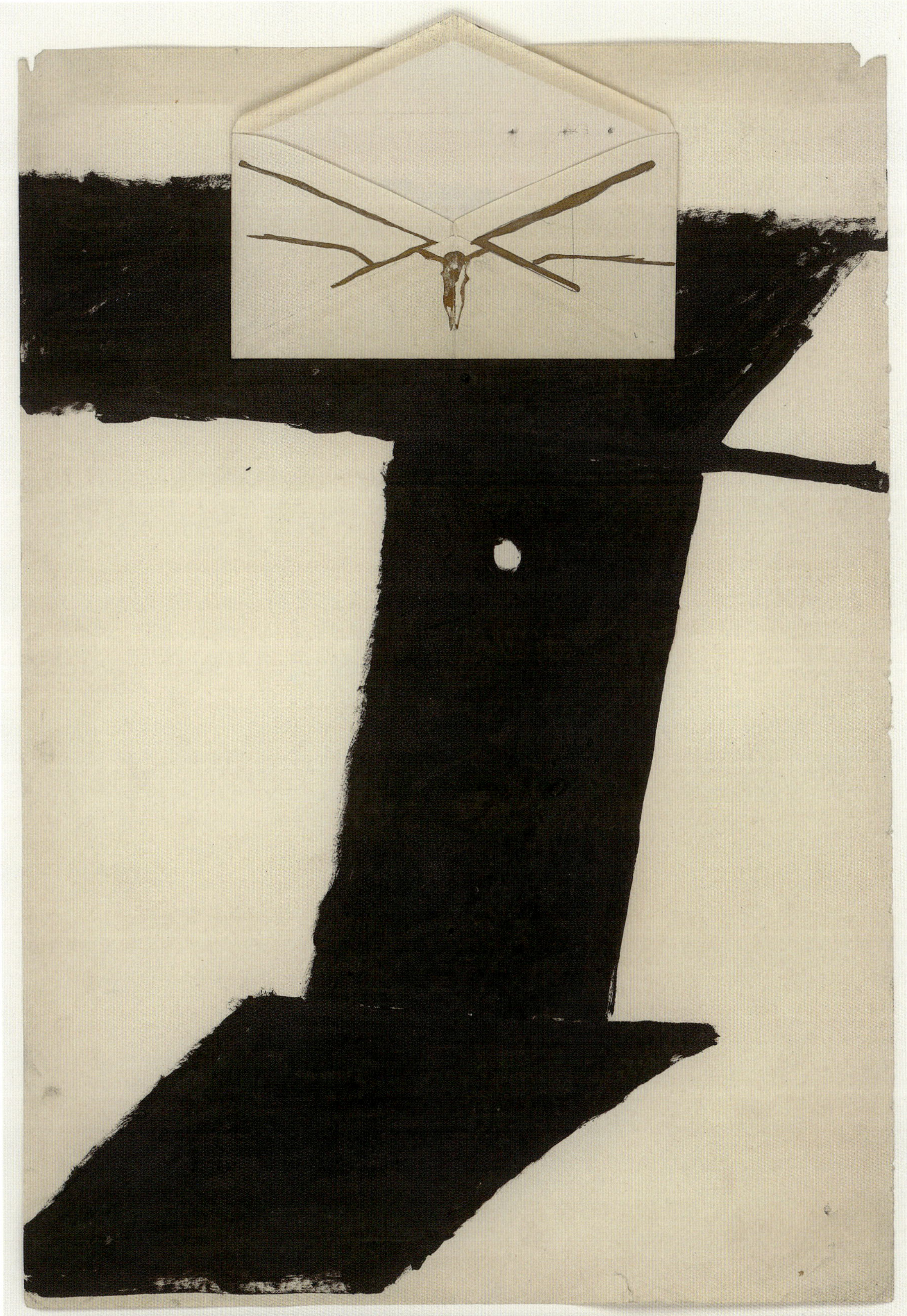

Hier nun haben wir eine sehr frühe Zeichnung, die sich dadurch auszeichnet, dass sie sehr viele in sich gerundete, einander überlagernde Linien verbindet, die punktuelle Zentren bilden, besonders prominent ein Gebilde wie eine Nierenform. Diese ist durchsetzt von Konturen wie Schmetterlingspuppen oder auch strömenden Figuren. Auch der Hintergrund ist von feinen, ganz dünnen Linien durchzogen und dieses mehr amorphe, lebendige, nur an verschiedenen Stellen sich konzentrierende und primär aus spielerischen Linien gesponnene Gebilde scheint sich plötzlich über eine Horizontale mittig zu zentrieren. Unterhalb der Nierenform entsteht eine Art Kreuz und rechts und links daneben sind kleine Gebilde wie Schädelformen gestaltet. Eine Linie läuft am oberen Bildrand von dem hintersten Punkt, der aus einer einlaufenden Spirale besteht, auf die untere Mitte zu, auf einen Kristall. Der Kristall ist von kleinen Strichlein umgeben, so wie man ganz naiv einen Stern malt, wenn er strahlen soll. Auf diesen Kristall zielen diese Linien zu und dort ist dann auch so etwas wie ein auffangendes Gebilde, eine Wellenlinie, die den Bildrand kommentiert, oder wie das untere Ende eines Vorhanges dem Ganzen einen Hintergrund, einen Rahmen gibt.

Dieses labyrinthisch bewegte, in sich schwingende Gebilde, was sich dann auf einen Punkt hin konzentriert, auf einen Stern, auf einen Kristall: Was wir hier vor uns haben, ist schon mehr als nur eine Bewegungsspur, nämlich eine Beziehungsspur. Ich möchte es mal hypothetisch eine Denkspur nennen, und zwar die Denkspur eines sich konkret bewegenden Denkens.

Wir haben manchmal die Vorstellung, in unserem Kopf sei eine Art Computer und wenn irgendein Reiz ausgelöst wird, klickert das Denken ab, und Schule sei dazu da, dass es in der richtigen Reihenfolge klickert, sodass man sagen kann: „Jetzt ist der Groschen gefallen." Sie kennen das, all diese Geschichten, dass das Denken vorhersehbar abläuft, die mechanistische Vorstellung von Entscheidungsbäumen. Hier hingegen hat man den Eindruck, dass etwas lebt, dass etwas lebendig ist, und dass das Denken Bewegungen macht, die sich plötzlich ausrichten, die sich fokussieren können, die sich zentrieren und in die ungeheure Fülle von Bewegungsmöglichkeiten eine Art Orientierung hereinbringen: Symmetrien, Anhaltspunkte, Kreuzungspunkte. Dieser Charakterzug wird sich später deutlich zeigen in dem Denken, das Beuys in der Auseinandersetzung mit dem Zusammenhang von Kunst, Mensch und dem sozialen Prozess hervorbringen wird. In diesem Kontext kommt eben diese – wie ich sie nennen würde – sinnbildende Struktur zum Tragen. Sie wird ein ganz entscheidender Teil im Werk von Beuys – nicht im Sinne fertiger Bilder, die nun irgendwo aufgehängt sind, sondern als Bewegungsstruktur, als Plastizität, die im Denken und in der Sprache selbst angelegt ist.

10 I Joseph Beuys, **Hirschführer**, 1948

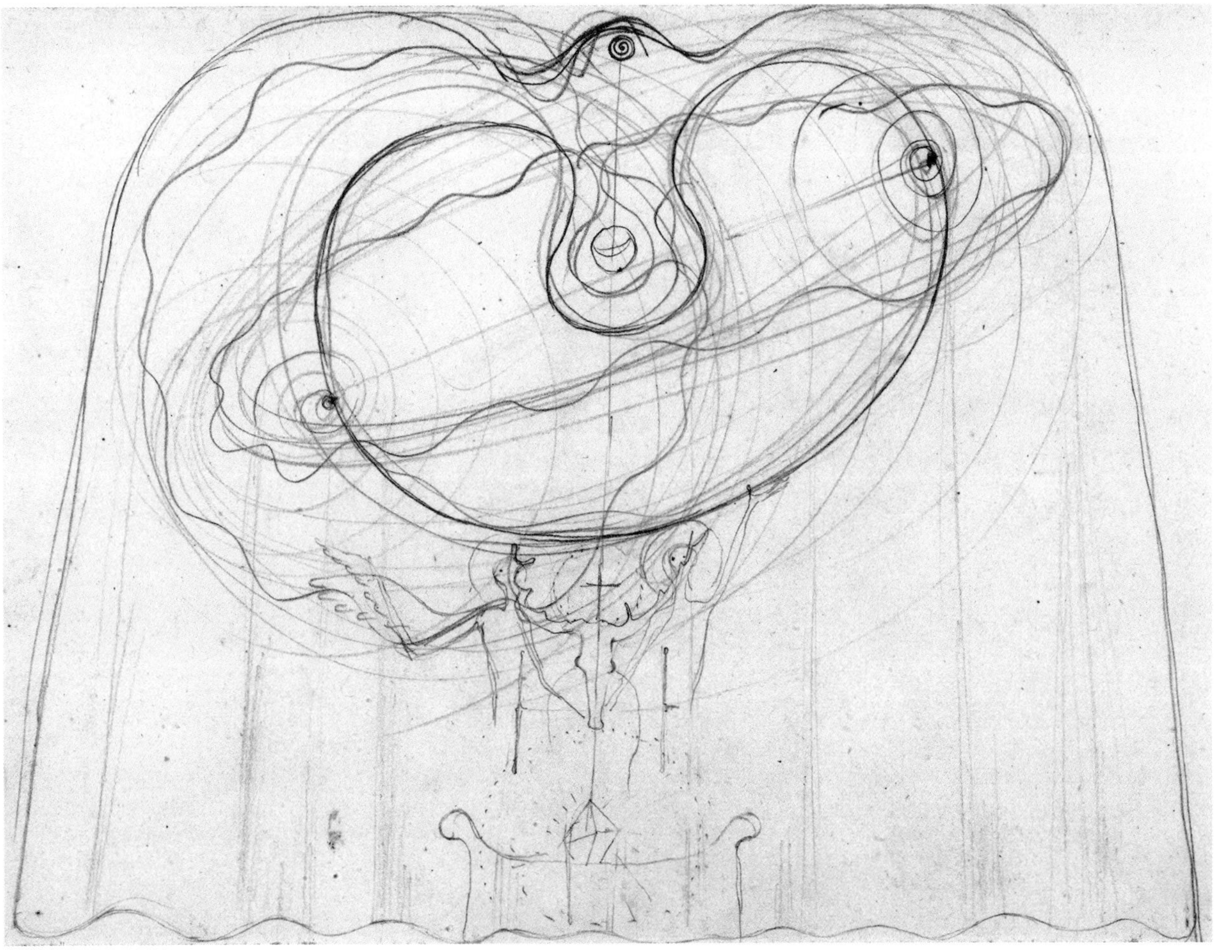

„Was wir hier vor uns haben, ist schon mehr als nur eine Bewegungsspur, nämlich eine Beziehungsspur, ... eine Denkspur ... die Denkspur eines sich konkret bewegenden Denkens."

Michael Bockemühl

„Denn das Denken des freien Individuums wiederholt ja das Evolutionsprinzip ganz vom Urbeginn an. Der Mensch wird selbst zum Schöpfer der Welt und erlebt es auch, wie er die Schöpfung fortsetzen kann." [27]

Joseph Beuys

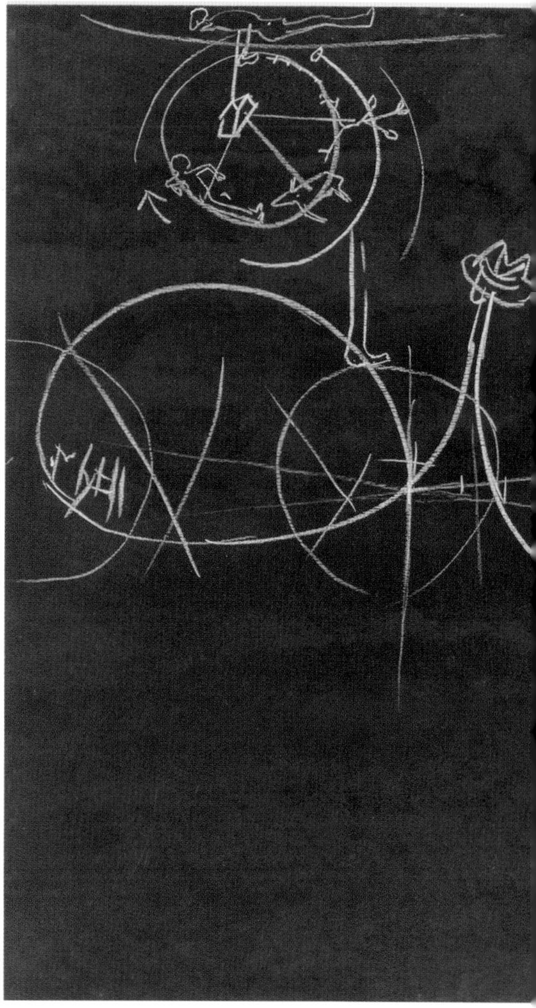

Wir sehen hier eine Tafelzeichnung, die während eines Vortrags aus redebegleitenden Gebärden entstanden ist. Oben in der Mitte die Worte „Freedom", „Democracy" und „Brotherhood" geschrieben. Rechts darunter steht der Satz: „CAPITAL is not money". Oben rechts sehen Sie „Art = Capital". Ferner lesen wir im Zentrum der Tafel „ability" und rechts davon „economy", dazwischen ist eine senkrechte Linie mit lauter kurzen Querstrichen gezeichnet und darüber ein „D".
Links oben in der Ecke sehen wir eine liegende Figur angedeutet, darunter eine weitere Figur, ein Tier und eine Art Pflanze gezeichnet. Darunter laufen die Enden zweier nach oben weisender Linien in einem angedeuteten Hut von Beuys zusammen und noch vieles mehr.

Das Entscheidende ist nicht, dass überall wiedererkennbare Dinglichkeiten in diesem Diagramm aufkommen, sondern vielfältige, unglaublich subtil geführte, einzelne Linien von einem zum anderen entstehen. Wenn Sie die beobachten wollen, wie sie sich kreuzen, wie vielgestaltig die Linien von diesen einzelnen Dingen Beziehungen herstellen, dann erkennt man in diesem Ideogramm eine Bewegungsspur der Beuys'schen Hand, die dem Beuys'schen Denken entspricht. Denn was ist denn

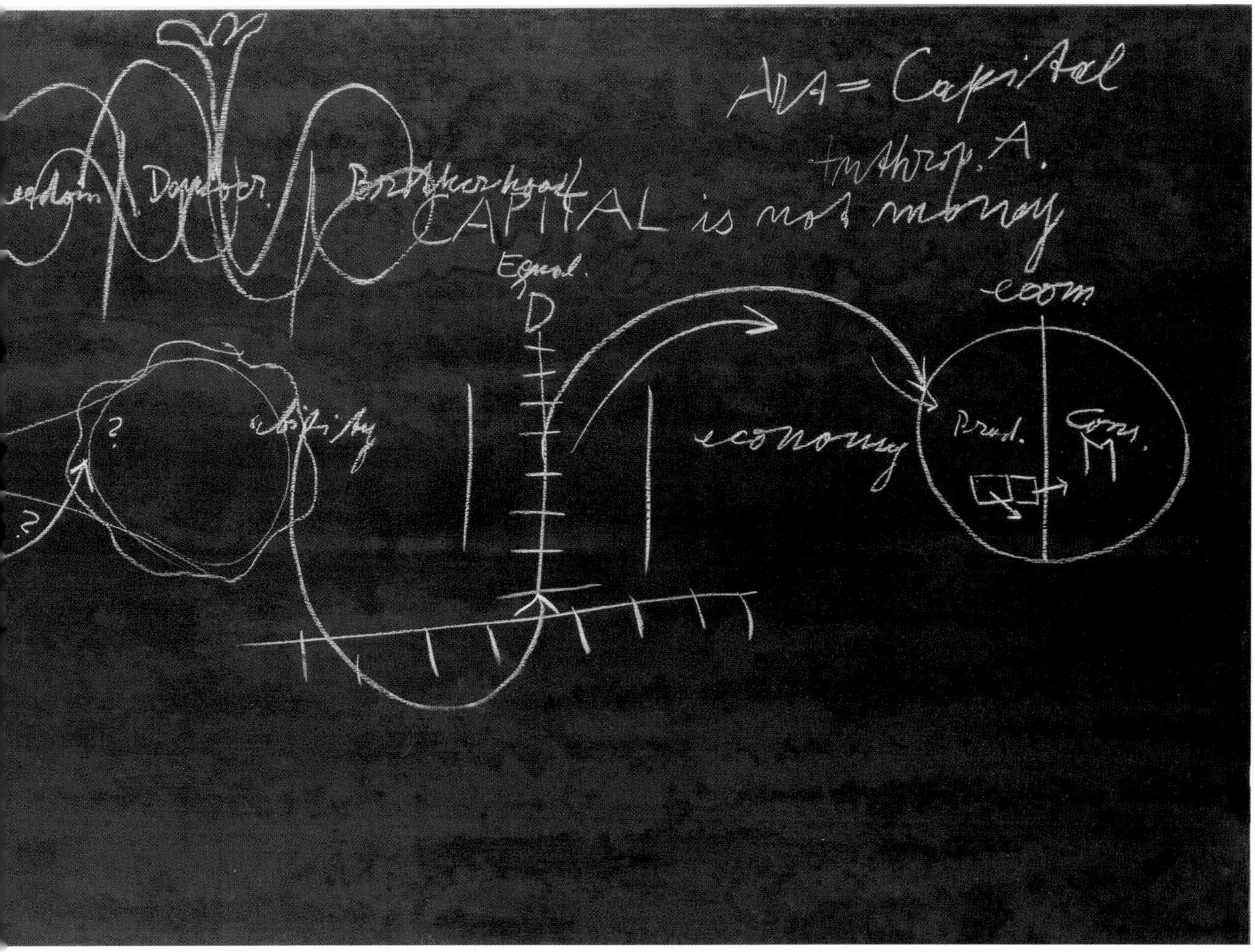

11 | Joseph Beuys, **Tafelzeichnung ohne Titel**, 1983

Denken? Denken ist nichts anderes als das Schaffen von Verbindungen. Die Linien entsprechen dem Denken, weil sie zwischen den einzelnen Elementen jetzt anschaulich, wie nach außen gesetzt, Verbindungen schaffen. Das Entscheidende ist eine Umkehrung, die entsteht, wenn man das Denken so auffasst, dass es nicht nur ein „Hinterherdenken" in dem Sinne von Nachdenken über das ist, was es schon gibt. Vielmehr kann man Denken auch als etwas Aktives begreifen und selber erleben, dass beim gedanklichen Tun, bei der gedanklichen Aktivität tatsächlich etwas Neues entstehen kann. Das Neue ist dann nicht das Nachgedachte, sondern das vom Denken direkt Wahrgenommene. Das Denken ist also nicht unbedingt das Hinterherlaufende, sondern kann auch als Wahrnehmungsorgan agieren, denn unsere Sinne müssen ja auf irgendetwas bezogen werden. Hier liegt der Schnittpunkt zwischen Denken und Wahrnehmen. Wenn Sie jemandem das Gehirn herausoperieren, dann nützen ihm die Sinne gar nichts, dann läuft nichts zusammen.

Die Sinnstiftung in den einzelnen Wahrnehmungen, das ist die entscheidende denkerische Tat.

Hier haben wir nun ein schnell geschriebenes Diagramm, da steht in der Mitte – und das ist auch der Titel – „Plastik“, links darunter ist zu lesen „Unterbewusste“, darunter „Willen/Energie, chaotisch, Amorph“, gegenüber – ganz rechts – steht neben einer Senkrechten untereinander „Idee, Denken, Form“, darunter ein Dreieck. Mittig durch das Diagramm läuft eine weich-geschwungene horizontale Linie, die im Verlauf nach oben gewölbt ist, dort steht geschrieben „Bewegung, Rhythmus, Seele, Empfinden“, dann sind da einige Strichlein, als ob der Fluss dieser Linie an gewissen Punkten unterbrochen wäre.

Dies ergibt nur einen Sinn, wenn wir uns auf die Spur begeben – und ich kann jetzt nur eine ganz kleine Andeutung machen –, wenn wir ins Zentrum der großen Frage nach der Ästhetik gelangen.

Wenn man das nun inhaltlich nimmt, was Beuys unter Plastik versteht, dann hat man hier in einem Diagramm zusammengefasst die gesamte Ästhetik Friedrich Schillers. Schiller sagt, es gibt im Menschen zwei Grundtriebe, der eine Trieb ist der zum Stoff: dass unendliche Fülle sich dem Menschen darbietet, die sozusagen ständig aus allen Poren quillt, energetisch, formlos, formauflösend, dass da keine Grenze ist. Der andere Trieb ist der zur Form, wo alles auf den Punkt gebracht werden soll, wo die Idee die Welt strukturiert, wo das Denken nicht in die Prozesse hineingeht, sondern in die Begriffe. Wo sich aus dieser Polarität etwas Mittleres ergibt als etwas Neues, das der Mensch ständig neu erzeugen kann – diese mittlere Qualität nennt Schiller „Spiel“. Wir können sie im Beuys'schen Sinne verstehen als Bewegung, als Rhythmus und als der konkrete Ort von Erleben und Erfahrung. Denn wenn wir etwas erleben, ist das immer schon das Zusammenspiel zwischen Willen und Idee, das Zusammenspiel von Form und „amorph“ – es ist immer das Zusammenwirken von Urpolaritäten, die unser ganzes Sein bestimmen. Ein solches Diagramm, das die *Soziale Plastik* vom Ansatz her ideell erklärt, führt uns weiter zu dem Gedankengut, zum Ursprung der von Beuys formulierten Idee, die ich nur an einem Kernpunkt hier erwähnen kann, das ist die Idee der *Dreigliederung des sozialen Organismus.*

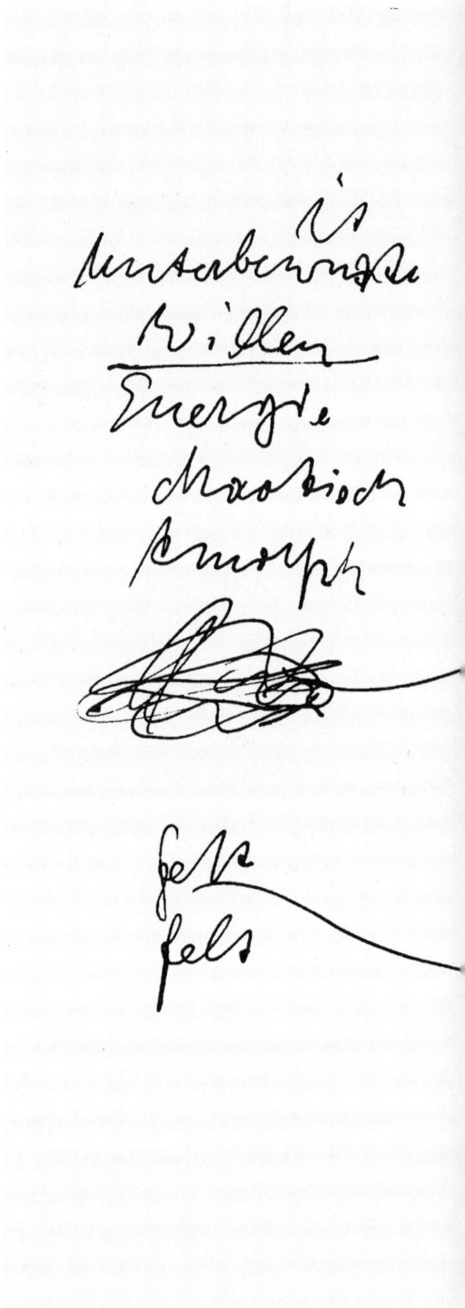

12 I Joseph Beuys, Partitur für Dieter Koepplin (Diagramm Plastische Theorie), 1969

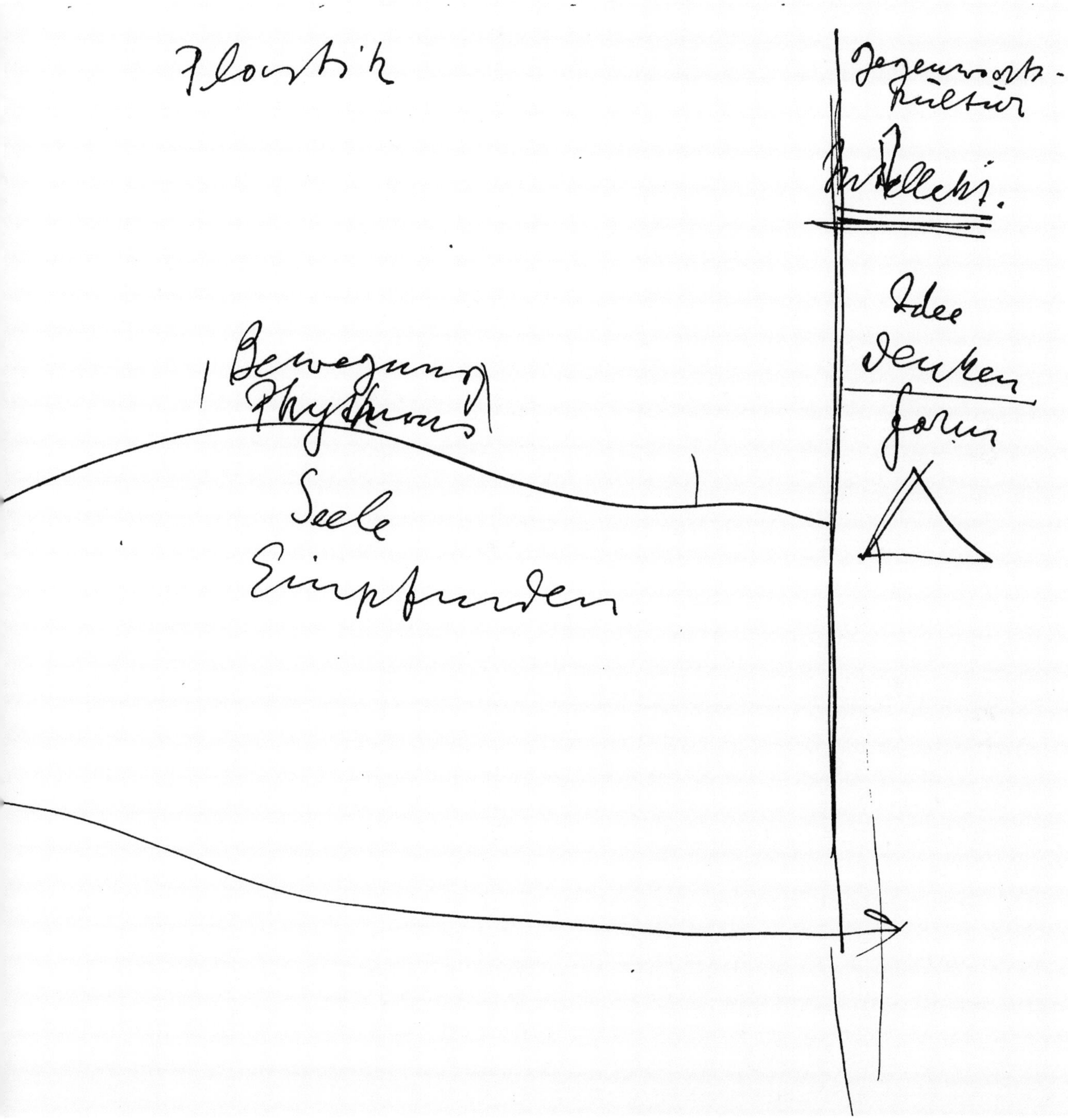

Plastik
Gegenwarts-
kultur
Intellekt
Idee
denken
Form
Bewegung
Rhythmus
Seele
Empfinden

Eingeführt ist diese von Rudolf Steiner, der den Menschen unter entsprechenden Gesichtspunkten als ein dreigliedriges Wesen betrachtet. Nicht so, dass er nur einen Arm und zwei Beine hätte und dann wäre er dadurch dreigliedrig, sondern der Mensch hat verschiedene Funktionsbereiche – das Denken, das Fühlen und das Wollen. Und er hat auch einen Nervenapparat. Das kürzt Rudolf Steiner mit Kopf ab, die Kopforganisation. Er bringt sie in Verbindung mit dem Wahrnehmen, Vorstellen und Denken. Dann hat er die rhythmische Organisation, das ist alles, was mit Atem, mit Blut, mit Muskel zu tun hat – und ist verbunden mit dem Fühlen. Und dann ist noch als dritte Qualität die Physis, der Mensch als äußere Gestalt – die bringt Steiner in Verbindung mit dem Wollen. Diese dreifache Gliederung hat nun eine Bewandtnis im Hinblick auf das soziale Leben, den sozialen Organismus, wie Steiner das nannte. Diese drei Wesensglieder des Menschen finden ihre Entsprechung in der Dreigliederung des sozialen Organismus.

Es ist ja völlig unsinnig, den Menschen für sich zu denken. Ein Mensch kann als Einzelner gar nicht sein, sondern er tritt immer als soziales Wesen auf, wobei das Sozialwesen des Menschen über den einzelnen Menschen hinausgeht: Das Soziale selbst hat Organisation, das muss nicht nur organisiert werden, sondern trägt in sich selbst organische Funktion, hat selbst sein Gesetz, und dementsprechend ist das Menschenwesen eben auch gegliedert. Wie wir, so ist auch der soziale Organismus höchst differenziert. Das Entscheidende ist nun, dass diese Differenzierung keine Willkür ist, sondern dass Beuys das ganz verbindlich ernst nimmt als ein Gesetz, aus dem er seinen eigenen Lebenszusammenhang gestaltet hat, als ein – wenn Sie so wollen – ästhetisches, im eigenen Lebensvollzug mitmenschlich gestaltetes Prinzip. Von der Idee her ist das die *Soziale Plastik*. So gestaltete er sein ideelles Handeln sowie auch sein politisches Handeln – und das war nicht unbeträchtlich. Beispielsweise hat er an der Kunsthochschule in Düsseldorf einfach alle Studenten aufgenommen, die zu ihm kamen. Das führte dann dazu, dass Johannes Rau – damals Wissenschaftsminister von Nordrhein-Westfalen – sich bemüßigt fühlte, ihm zu kündigen. Damit war genau das erreicht, was erreicht werden musste: nämlich eine immense Öffentlichkeit, die dann den Rahmen bot für weitere Kunstaktionen und Kunstwerke wie zum Beispiel das Multiple *Demokratie ist lustig*, das den von Johannes Rau gekündigten Professor zeigt, wie er am 11. Oktober 1972 das Sekretariat der Düsseldorfer Kunstakademie durch ein Spalier von Polizisten lächelnd verlässt.

Beuys hat von einer Universität geträumt, die völlig frei vom Staate ist. Er hat sie mit ein paar Studenten zusammen auch begründet. Die künstlerischen Aktionen waren vollständig untrennbar verbunden mit dem inneren Zusammenhang, den wir das Plastische Prinzip nennen können. Er hat es eben nicht abgelöst diskutiert, als Theorie, sondern durch seine Tat involviert. Beuys hat entweder in besonderen Aktionen etwas gemacht, was dieser Struktur entsprach, oder sein eigenes Leben entsprechend eingerichtet. Auch hat er Bilder geschaffen oder Dinge hergestellt, die das zwischen Stoff und Form angesiedelte Plastische Prinzip als die eigentliche Gestaltung, die Erscheinung, das Sinnhafte hervorzubringen vermögen.

Jetzt ist wohl die – eingangs gestellte – Frage dran: Wie sinnlich sind die Gestaltungen im sozialen Bereich? Wie verhält es sich hier mit der Sichtbarkeit? Ich möchte den Übergang herstellen zu Werken, die zu dieser Tatseite tendieren.

13 | Joseph Beuys, **Demokratie ist lustig**, 1973

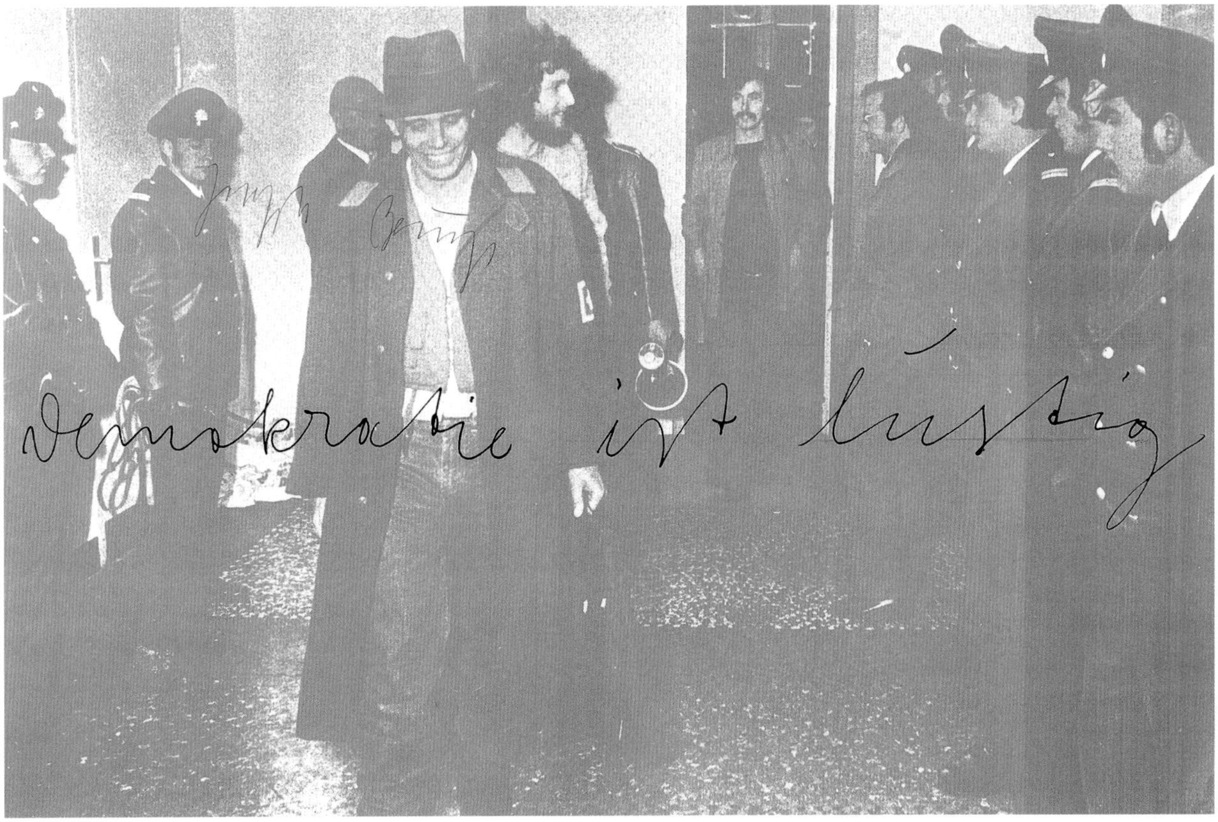

„Warum eigentlich soll in einer Gesellschaft, die ein bestimmtes Niveau der Entwicklung der Demokratie aufweist, nicht in der freimütigsten Weise über die notwendige Weiterentwicklung diskutiert werden? Schon viel zu viele haben Angst, in den Verdacht zu geraten, Verfassungsfeinde zu sein. Sie versagen sich selbst schöpferische Gedanken, einmal erreichte Rechtsbegriffe zu erweitern, wenn der Bewusstseinsfortschritt dies fordert. Und er fordert es." [28]

Joseph Beuys

Hier haben Sie jetzt nur eine Silhouette vor sich: Ein dichtes Rotbraun in einer fetten Ölfarbe gemalt, abgeschmiert, deutlich sichtbar die Pinselspur, man möchte es auch heute noch immer nicht anfassen. Dieses Braun hat eine unglaubliche Mächtigkeit, sodass nicht der Eindruck entsteht, da wird mit Farbe etwas dargestellt, sondern diese Farbe ist als Materie präsent, sie ist anfassbar. Sie ist unumgänglich, sie macht sich geltend, sie ist in ihren Materialwirkungen stärker als in ihrer Gestaltwirkung: es geht um eine Stoffbegegnung mit Farbe. Das hat die Wirkung, dass der freibleibende Teil, das Weiß, plötzlich eine ähnliche Qualität bekommt, wie wir das bereits in der Arbeit mit der Hirschrune auf einem Briefumschlag (Abb. 9) beobachten konnten. Diese unschuldige weiße Fläche des Papiers, die immer – was für ein Jammer! – aufgegeben wird, wenn man zu malen beginnt. Da ist das Papier noch so schön weiß und dann kommt der erste eigene Strich, das ist zum Davonlaufen. Hier aber erhält das weiße Papier, das sonst nur Untergrund ist, seine eigene Gestalt, seine eigene Qualität und wirkt nicht mehr als Papier, sondern als anfassbares, taktiles, stofflich begegnendes, substanzielles Weiß. Es fängt plötzlich an mit dieser materiellen Stofflichkeit der dunkleren Bereiche – wie mit einer negativen Stofflichkeit – zu korrespondieren.

14 | Joseph Beuys, ohne Titel, 1962

Ein optisch ähnliches Gebilde, nun aber weitergehend materiell: Ein Zinkblech, auf die weiße Fläche geklebt, und damit verbunden ein isolierter elektrischer Draht. Wenn Sie das eine Zeit lang angucken, ist hier mehr zu fassen oder weniger zu fassen, als sich dem Auge bietet. Weniger zu fassen als mit dem Auge ist in dem Sinne, dass beispielsweise Elektrizität nicht sichtbar ist. Und zum anderen kann man sie sehr wohl spüren. Das haben wir als Kinder gemacht, wenn wir Batterien auf ihre Funktion prüfen wollten: Wir haben die beiden Pole an die Zunge gehalten und dann hat das so elektrisch geschmeckt, das hat so gekitzelt. Das ist der Berührungseffekt zwischen Metallen, die auch durch andere Metalle plötzlich in Spannung zueinanderstehen. All dieses Elektrische, dieses Galvanische, was die Froschschenkel hupfen macht, all dieses kommt hier mit ins Spiel. Dadurch wird die Stofflichkeit eine subkutane, und nicht nur dem Auge, sondern mehr dem Tasten oder dem Erspüren durch andere Sinnesbereiche dargeboten.

Jetzt denken Sie vielleicht: Obwohl das so eine harmlose Sache ist, macht der da jetzt so eine Geschichte draus. Der Witz aber ist, dass die leise Umdeutung, der feine Zug das Entscheidende ist, dass das Gebilde sozusagen wie ein Keil funktioniert. Ein Keil hat nämlich eine interessante Eigenart: er ist auf einer Seite ganz dünn, auf der anderen Seite dick. Wäre er auf allen Seiten dick, man würde ihn nirgends dazwischen kriegen. Aber weil er auf einer Seite dünn ist, kann man gut ansetzen und dann vom anderen Ende her schieben. So entfaltet er seine Kraft und so ist es mit den Gebilden von Beuys. Diese harmlosen, subkutanen Zeichnungen gehen irgendwie noch rein, wenn sie aber drin sind, können sie sich ausweiten und die subversive Kraft gerade dieser Kunst kann an einer so harmlosen Stelle plötzlich unglaublich stark werden. *Erdung* heißt das dann hier.

15 | Joseph Beuys, **Erdung**, 1964

„Ich bringe auch Empfindungs-, Willens- und Denkformen aufs Papier und versuche damit eine Anregung zu geben. Auch wenn gerade in den Zeichnungen der Provokationscharakter nicht sehr laut erscheint – ist er umso nachhaltiger.“ [29]

Joseph Beuys

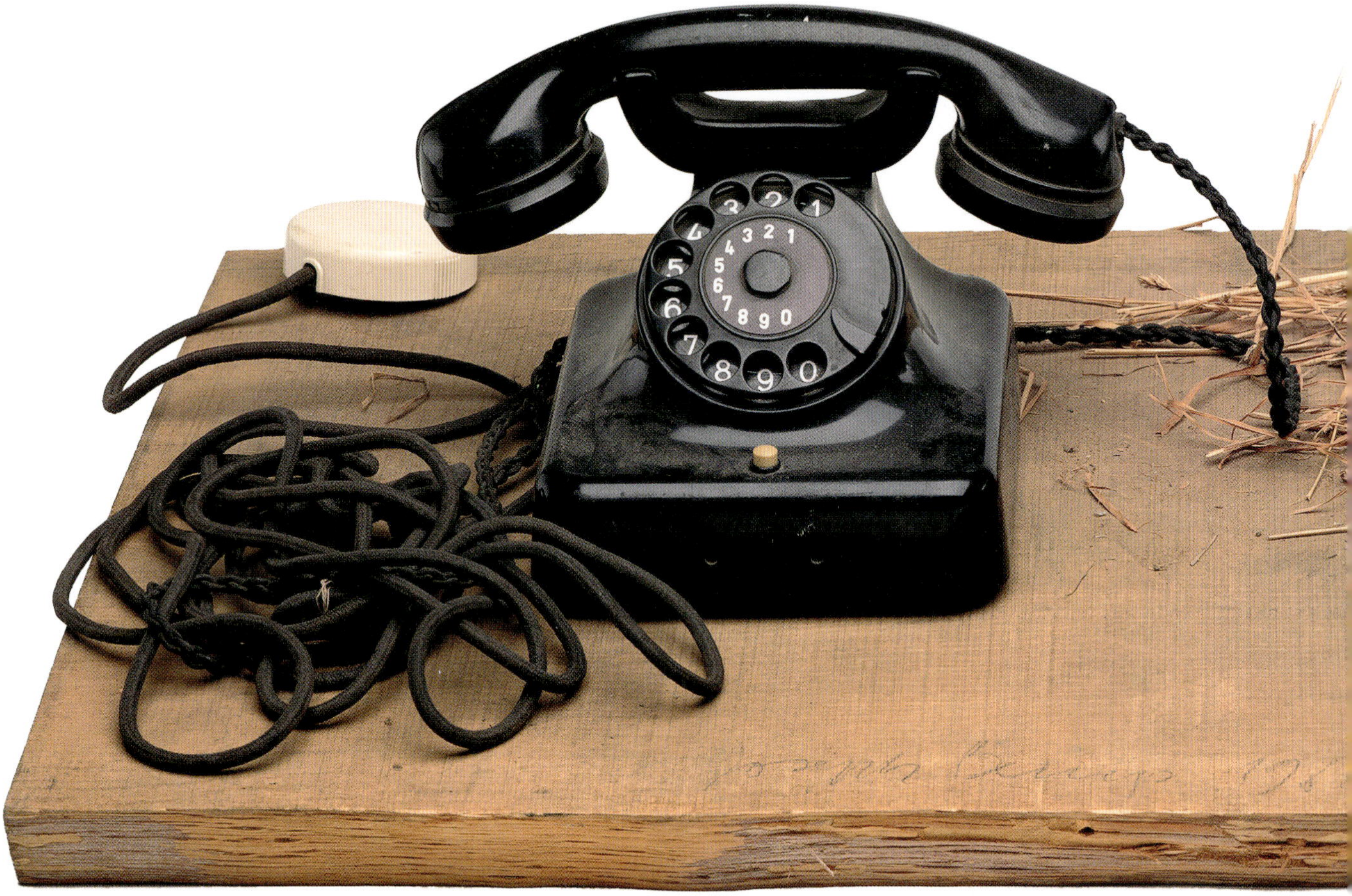

16 | Joseph Beuys, **Erdtelefon**, 1968

Jetzt verlassen wir die Bilder und gehen in die Plastik. Da ist also allen Ernstes ein Telefon neben einem Lehmklumpen auf einem Brett. An der linken Seite des Telefons sehen wir Kabelgewirr, an der linken des Erdklumpens Stroh. Hier wie da Unordnung neben der Ordnung: ein *Erdtelefon*.

Und hier ist nun die Frage: Wie gehen Sie damit um? Was machen Sie, wenn Sie das sehen? Probieren Sie es aus. Achten Sie auf das, was Sie tun, wenn Sie es ansehen. Was machen Sie aus dem Telefon? Was machen Sie aus dem Erdklumpen?

Das Brett, auf dem beides platziert ist, was meinen Sie, was das für eine Funktion hat? „Es verbindet beides." „Es schafft eine Verbindung, indem es einen gemeinsamen Schauplatz liefert."
Das Kabel hat keine vom Künstler festgelegte Form, das kann überall vom Brett runterhängen. Und jetzt bitte ich Sie, bewusst zu tun, was man sonst meist halb bewusst macht: Schauen Sie sich den Gegenstand links einmal an, da können Sie gar nicht unterdrücken, dass Sie eine Gegenstandskonnotation haben, also eine Assoziation, dass Sie denken, das hat was mit Telefon zu tun. Und dann sehen Sie sich das Gebilde rechts für sich an und dann ist das halt ein Erdklumpen mit ein bisschen Stroh dran. Wenn Sie jetzt den Blick von einem Objekt zum anderen wenden, merken Sie vielleicht, dass Sie nicht so schnell umschalten können von Erdballen zu Telefon. Und

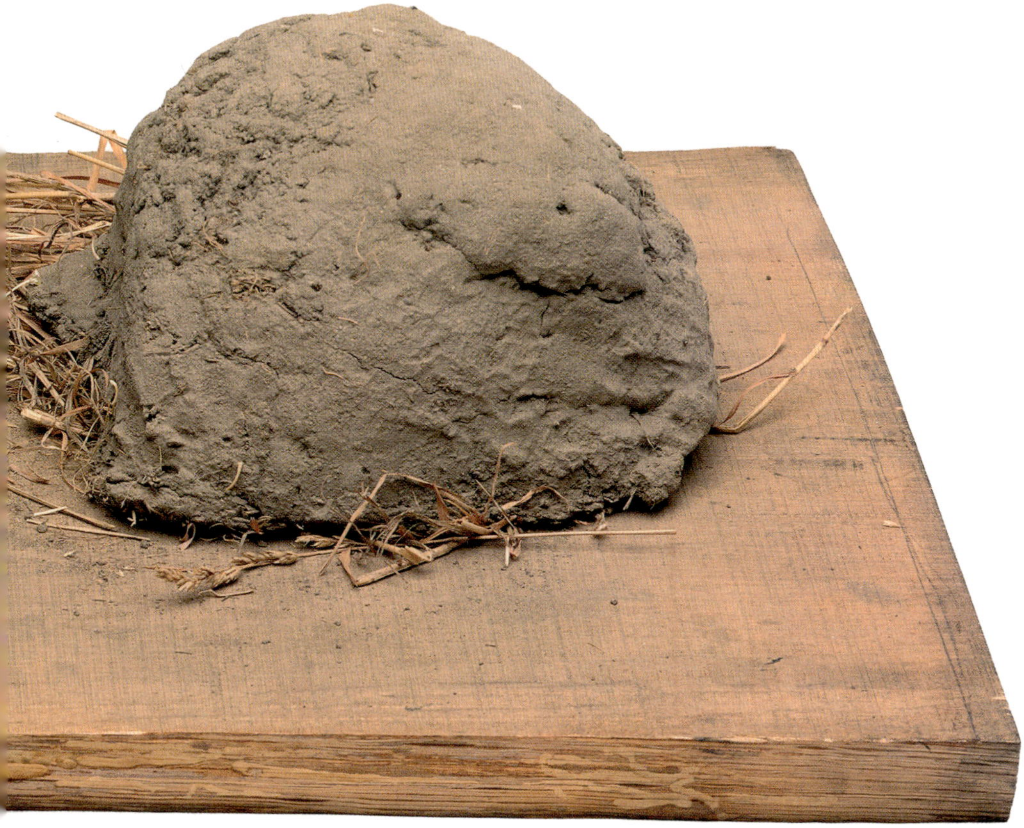

dadurch kommt zustande, dass sich auf diesem Schauplatz zwei Konnotationsebenen miteinander mischen, aber nicht von selbst, sonst wäre es ein Brei aus Telefon und Erde. Vielmehr lässt sich beobachten, dass der Betrachtende, indem er das Angebot annimmt und aktiv das eine mit dem anderen in Verbindung bringt, etwas erlebt, was ohne diese Konstellation so nie ins Bewusstsein rücken könnte: etwas Neues. Das Neue ist nicht etwas, was wir uns nur ausdenken, das Neue entsteht immer durch die Änderung der Konstellation. Wir können den Dingen eine neue Seite dadurch abgewinnen, dass wir den Kontext um sie herum ändern. Wenn ich also von diesem Klumpen auf das fertig geformte Telefon und wieder auf den Klumpen blicke, dann entsteht zwischen dieser technisch-altmodischen Gestalt und dieser verklumpten, rohen, nicht gestalteten Masse, die aber doch analog geformt ist, eine Art Beziehung. Sie schauen vom einem zum anderen und plötzlich fangen Sie an, die Beziehung nicht nur im Kopf, sondern auch mit dem Gefühl wahrzunehmen: Es handelt sich also um mehr als nur um eine visuelle Vermittlung: um ein Ins-Spiel-bringen von Gegensätzen.

Und hier möchte ich Ihnen als nächstes die *Dumme Kiste* zeigen. Sie müssen damit rechnen, dass Joseph Beuys bei all diesen Sachen den Humor nicht verloren hat. Es durfte gelacht werden. Er fand es beispielsweise köstlich, dass dann angefangen wurde, konservatorische Gesichtspunkte bei seinen Filzlappen geltend zu machen. In Stuttgart wurde damit begonnen, ganz vorsichtig Plastikfolien um diese Filzgebilde herumzulegen, damit sie nicht zerfallen, dabei hätten sie doch zerfallen können. Das tun sie nämlich von selbst und das ist genau der Prozess, in dem sie stehen. Wenn sie konserviert werden, geht das in die falsche Richtung, der Prozess wird aufgehalten. Warum soll ein Kunstwerk nicht zerstäuben?

Hier die *Dumme Kiste*, warum „dumm“? Warum „Kiste“? Manchmal hat Beuys es eben aus Provokation so genannt. Sie besteht aus glänzendem, wunderbar rotem Kupfer und grauen Filzlappen. Sie ist nur zusammengelehnt aus einzelnen Stücken mit dem Filz dazwischen. Es kommt zu einer Berührung.

Können Sie sich vorstellen, mit frisch geschnittenen Fingernägeln über Filz zu streichen? Dieses Gefühl und dann das Kupfer, dieses unglaublich leitende, glatte Material, wenn das sich berührt? Es kommt zu einem Gewahr-werden durch die am frühesten entwickelten Sinne wie den Tastsinn. Beuys macht dadurch verschiedene Stoffe und Elemente kunstfähig, die vorher gar nicht als kunstfähig erachtet wurden, wie zum Beispiel Filz.

17 | Joseph Beuys, **Dumme Kiste**, 1982

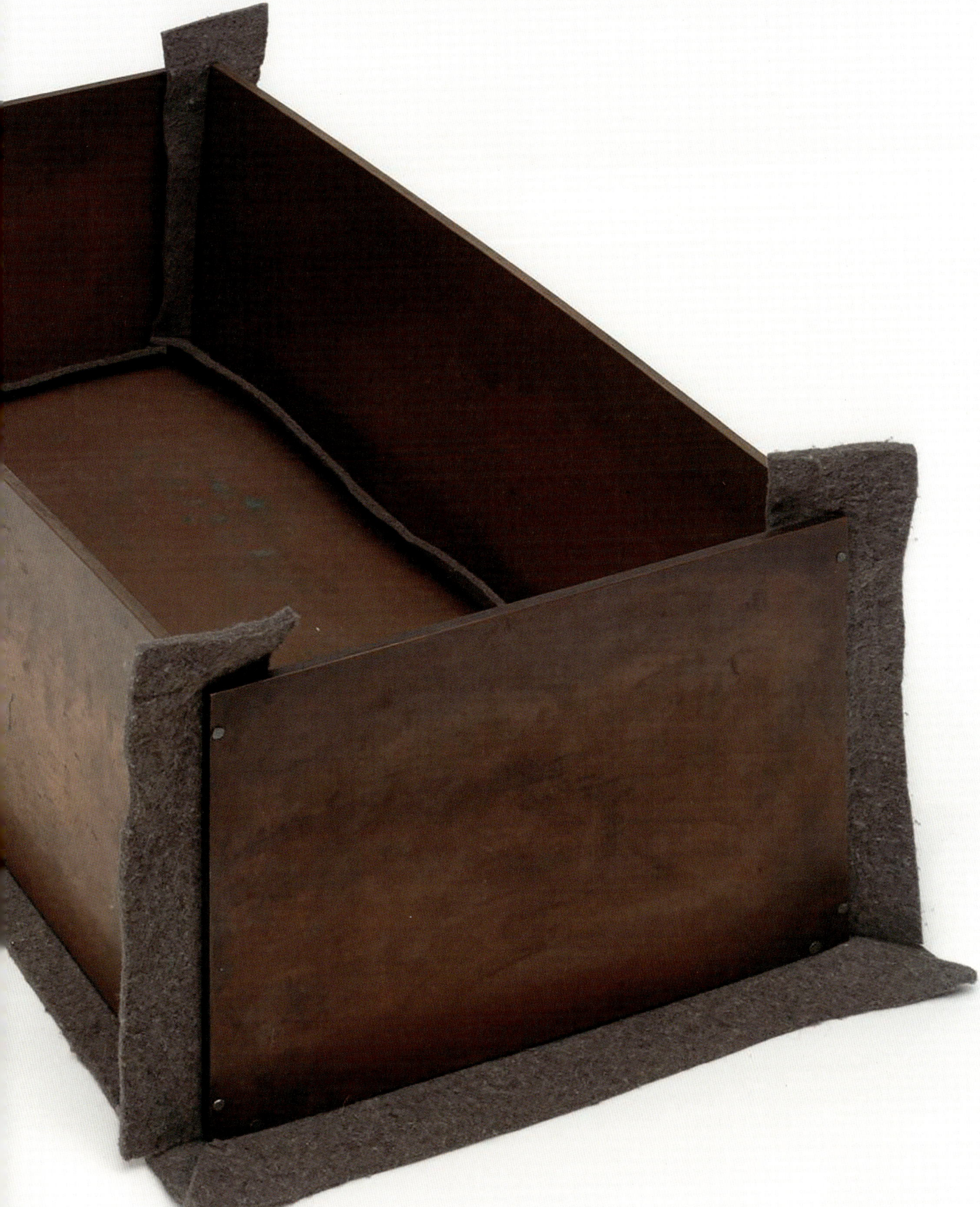

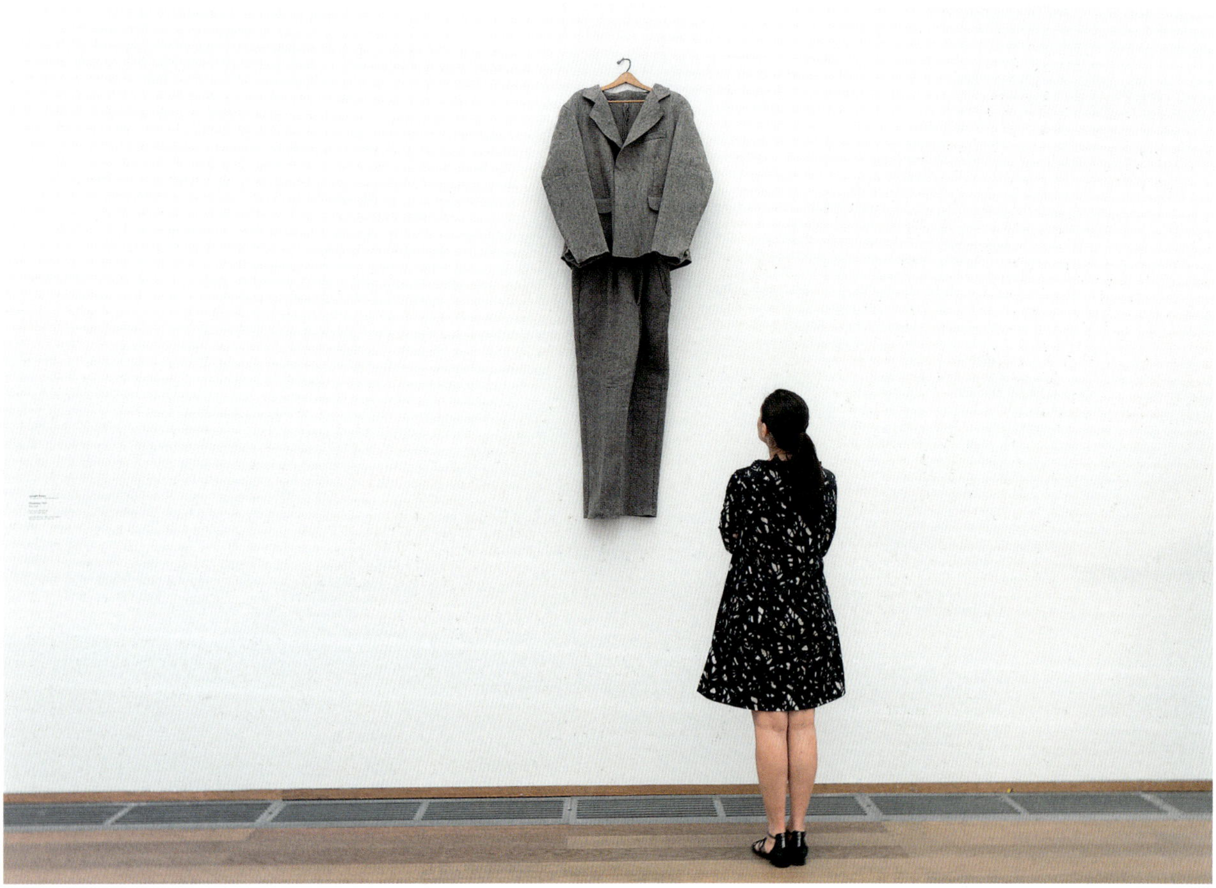

Immer mal wieder sieht man in einer Beuys-Ausstellung einen Filzanzug auf einem Kleiderständer hängen. Das erinnert an einige seiner Aktionen, aber wenn Sie eine Zeit lang – und das schadet gar nichts – stupide diesen Filzanzug angucken, als ob Sie ihn anziehen wollten, was ja auch nicht ganz abwegig ist, dann wäre das sicher mit einem ganz bestimmten Körpergefühl verbunden. Ich finde es schade, dass ein solches Gebilde im Museum nicht angezogen werden darf. Aber das Museum ist halt ein Museum, hier geht es um das Sehen, und über das Sehen gelangt man – mit Beuys – zu dem Erleben; die Sache wird mental erfahrbar, ohne dass sie vollzogen werden muss. Hier etwa der Stoff: die Wärme. Wärme, denken wir, ist eine Bedingung von Gegenständen. Aber als Stoff begriffen, als Substanzialität, als Filzanzug ist sie eine Hülle, eine Wärmehülle. Der Mensch ist angewiesen auf Kleidung, das ist nicht nur eine Frage unserer Willkür, sondern ohne Kleidung wäre Kultur in dem Sinne nicht möglich. Dass wir der Kleidung bedürftig sind und nicht mit einem Naturfell umgeben sind, bedeutet, dass wir selbst die Aufgabe haben, den Übergang zwischen Körperwärme und Außenwärme zu gestalten. Der Zwischenraum muss ergriffen werden, damit uns warm wird. Das macht Beuys nun nicht als Zweck, sondern als Realprozess sichtbar. Dort steckt etwas drin als Urbedürfnis. Warum soll man das nicht ins Bewusstsein heben?

18 I Betrachterin vor Beuys Filzanzug im Hamburger Bahnhof, Berlin 2019

19 I Joseph Beuys, **Filzanzug** (Ausschnitt), 1970

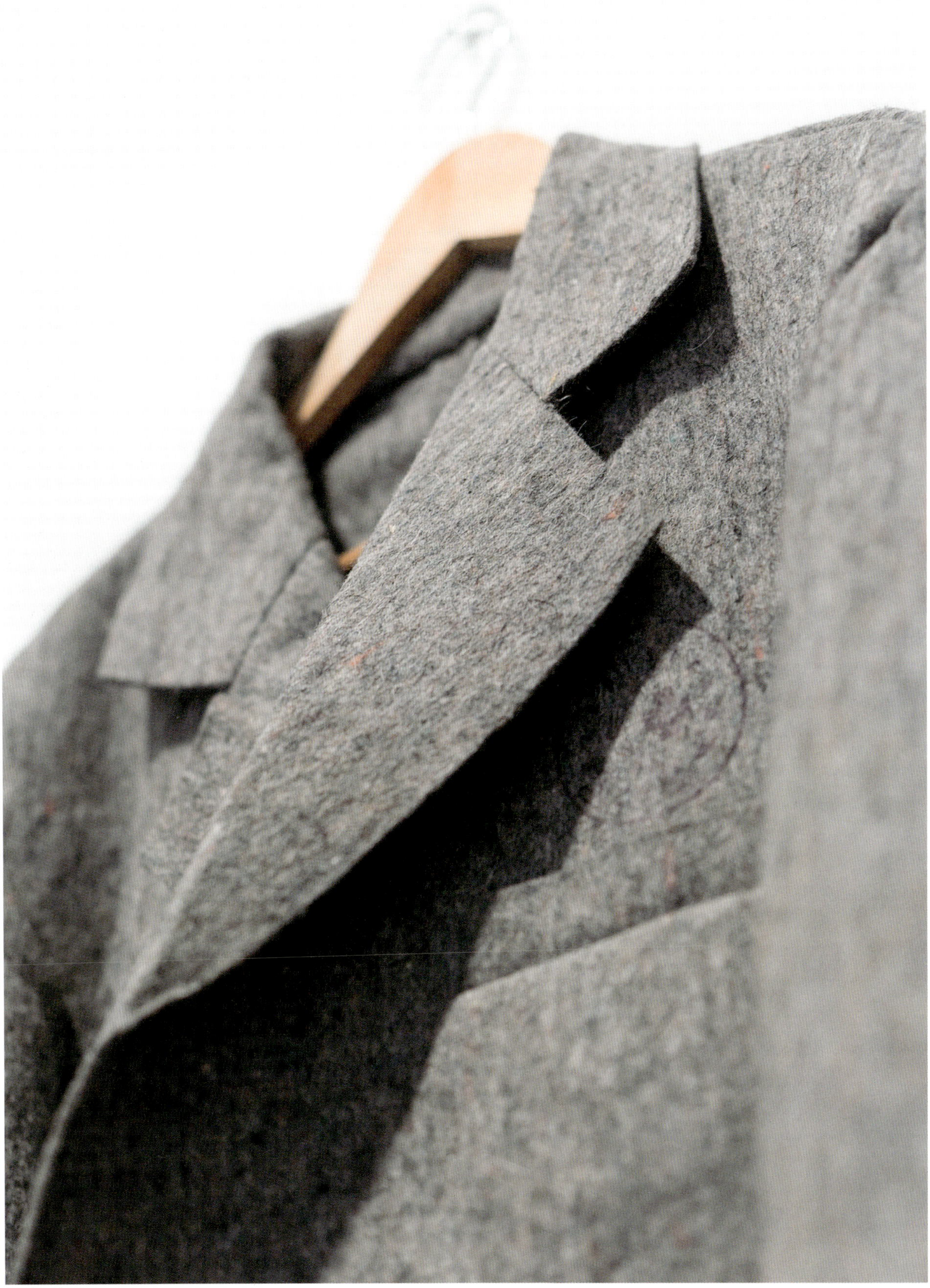

„Es kommt alles auf den Wärmecharakter im Denken an! Das ist die neue Qualität des Willens.“ [30]

Joseph Beuys

Oder denken Sie an die Fettecke – für die Beuys ja so berühmt ist. Das Fett hat eine wichtige Affinität zu Wärme, es schmilzt ziemlich schnell, es wird aber auch sehr schnell hart. Die Kiste, der Karton, in dem das Fett hier liegt, hat eine bestimmte Form, eine rechteckige. Ohne die Kiste würde das Fett verlaufen, in der Kiste erhält es eine geometrische Form, von oben sieht es sogar wie ein Dreieck aus, ist aber eigentlich eine dreiseitige Pyramide, auf den Kopf gestellt. Wenn es nun auf der einen Seite ausläuft, als würde die Sonne es zum Schmelzen bringen, und auf der anderen Seite diese eckige Struktur der Kiste hat, dann haben Sie eine Kurzform der Ästhetik Friedrich Schillers: nämlich das Auslaufende einerseits, das Formende andererseits, und dazwischen erscheint die Substanz. Das ist keine Theorie mehr, sondern da wird etwas veranstaltet, was die Sache selbst als Tatsache auf den Punkt bringt und nur so fassbar ist: Die Fettecke ist ein Realargument, die kürzeste Formel für Schillers Ästhetik, wenn man so will.

Damit gewinnt Beuys etwas, dass er nämlich für die Kunst auch neue Sinnesbereiche erschließt: den Wärmesinn, den Bewegungssinn, den Tastsinn auf der unteren Seite – und zurück gewendet auf die Ideogramme: das Denken als Sinn für Zusammenhang, das Sprechen als Sinn für Gemeinschaftsstiftung. Der Mensch ist nicht auf seine fünf Sinne beschränkt. Beuys war ein Künstler, der über den Rand dieser fünf Sinne hinaus zu gestalten versucht hat. Und damit kommen wir zu einer ganz neuen Wahrnehmungsqualität und sehen, wie alle Sinne zusammengenommen etwas höchst Vielschichtiges zustande bringen, das aber nur, wenn die Komplexität aktiv, also durch eine Tat hergestellt wird.

20 | Joseph Beuys, **Fettecke in Kartonschachtel**, 1963

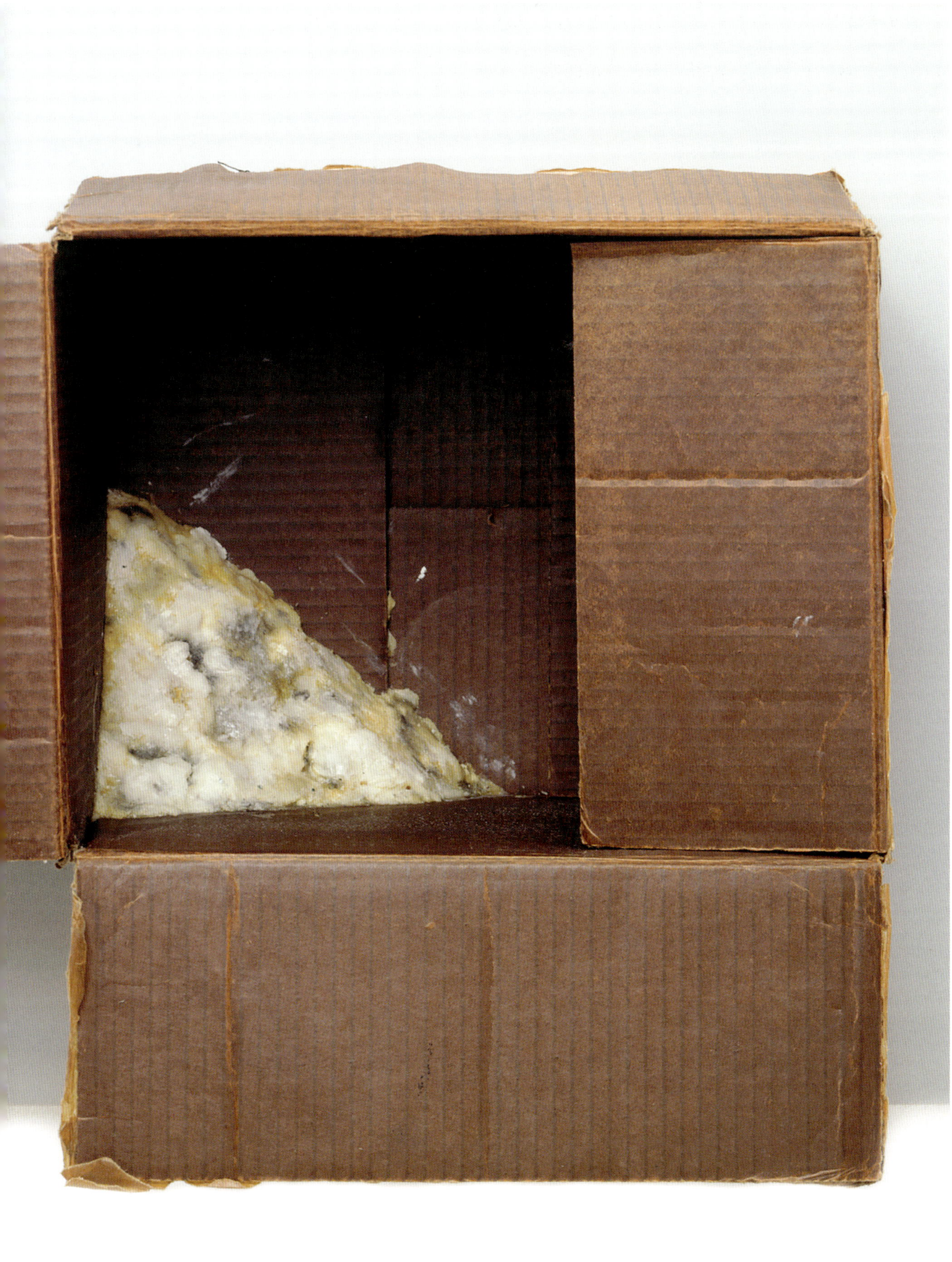

ZWEITER ZUGANG

DIE TAT

„Am richtigen Ort zur richtigen Zeit das Richtige tun, das ist Kunst.“ [31]

Joseph Beuys

21 | Joseph Beuys, **„7000 Eichen“, Pflanzaktion mit den ersten sieben Eichen am Pferdemarkt,** Foto: Ute Klophaus, Kassel, 16. März 1982

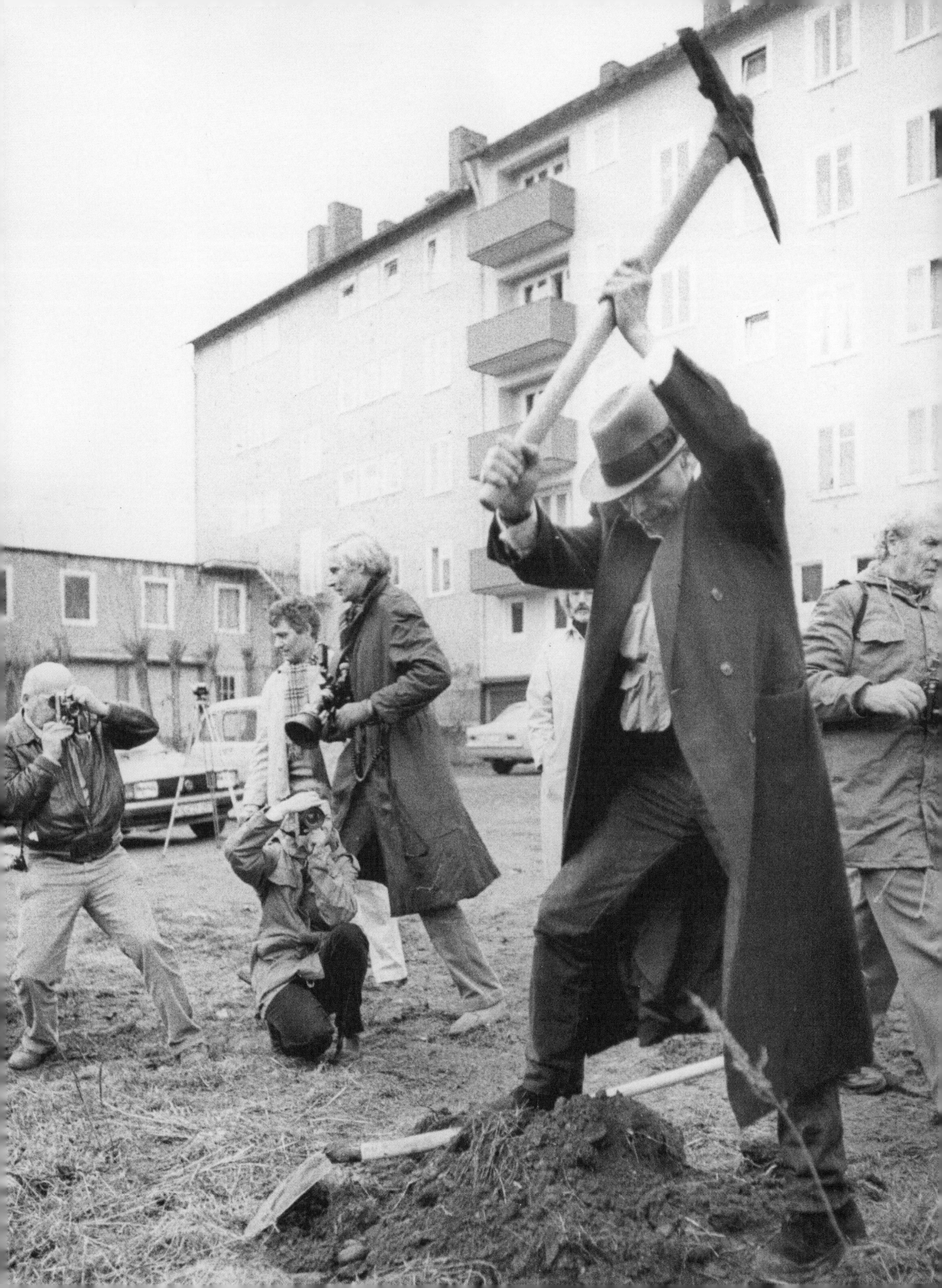

Wie Beuys mit dem Element der Tat ästhetisch umgegangen ist, sieht man daran, wie er 1981 auf die Aufgabe der Kunsthalle Düsseldorf, die in einer Ausstellung *Schwarz*[32] thematisierte, reagiert hat. Da hatten alle ihre schwarzen Sachen gemalt und ins Museum gebracht, und Beuys kam einen Tag vorher, spektakulär mit Presse und Fernsehen. Mit einem großen Bohrer hat er in die Wand, an der er seine Installation anbringen durfte, ein Loch gebohrt, ein Ofenrohr durchgesteckt, hat das innen mit Ruß bestäubt und war fertig.

Das war natürlich das schwärzeste Schwarz der Ausstellung, denn dieses war ein Schwarz, was anwesend war, weil es abwesend war: die thematisierte Abwesenheit als tathaftes Schwarz und nicht Schwarz-Abbildung oder Schwarz-Präsenz. Denn wenn Sie eine schwarze Fläche zeigen im Licht, ist die immer Grau, Schwarz kann nur dort schwarz sein, wo Sie sozusagen überhaupt nichts haben. Und das in eine solche kurze Formel zu bringen, nenne ich, eine Farbe auf die Tatseite wenden, sodass auf der aktionalen Ebene erlebt werden kann, dass die Abwesenheit von etwas Schwarz ist. Schwärzer geht es nicht.

22 I Joseph Beuys, **Ofenrohr**, Kunsthalle Düsseldorf
Foto: Ulrich Baatz, 1981

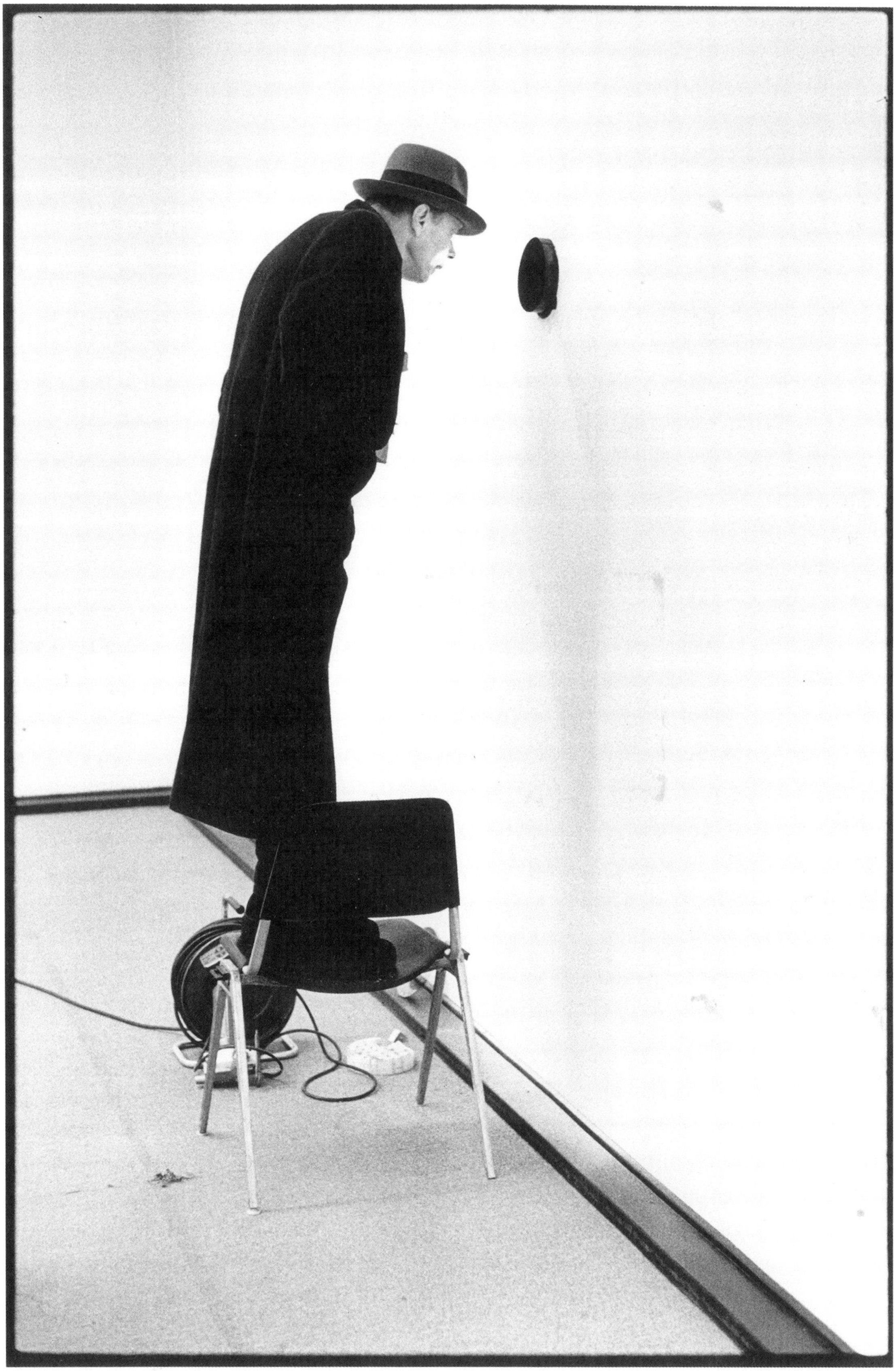

„Der Geist des Kojoten ist so mächtig, dass ihn kein Mensch versteht oder was er für die Zukunft der Menschheit bedeuten kann. (…) Ich glaube, ich hatte Kontakt mit dem psychologisch wunden Punkt in der Energieverteilung der USA: Das ganze amerikanische Trauma mit den Indianern, dem ‚Roten Mann'. Man könnte sagen, dass noch eine Rechnung mit dem Kojoten zu begleichen ist, erst dann kann dieses Trauma aufgehoben werden."[33]

Nun zu einer Aktion mit dem Titel *I like America and America likes Me.* Das ist die berühmte Geschichte mit dem Kojoten. Beuys kommt im Mai 1974 an einem New Yorker Flughafen an, lässt sich vollständig in Filz einhüllen, in einer Ambulanz mit Blaulicht zu einer Galerie fahren und für die Dauer von drei Tagen und drei Nächten in einen Raum mit einem wilden Kojoten einschließen.[34] Beuys bringt neben dem Filz, Stock, Handschuhe, Triangel und 50 Ausgaben des *Wall Street Journals* in den zu einem Käfig umfunktionierten Raum. Die Aktion verläuft in freien, klaren Rhythmen, einer langen Bewegungsfigur, die sich im Laufe der Woche etwa dreißigmal wiederholt. Sie ist immer auf den Kojoten hin ausgerichtet und von diesem in Dauer und Stimmung bestimmt. Am Ende eines jeden Durchlaufs wird der stille Dialog durch den Klang einer Triangel und durch von einem Tonband abgespieltes Turbinenröhren unterbrochen.

Der anfangs aggressiv-verängstigte Kojote gewinnt zunehmend an Vertrauen und akzeptiert den fremden Geruch. Zum Abschied drückt Beuys den Präriewolf an sich und verstreut das Stroh, auf dem sich die beiden das Lager geteilt haben, im Raum. Anschließend lässt er sich erneut in Filz einwickeln und im Ambulanzwagen zum Flughafen zurückbringen, ohne auch nur einen einzigen Blick auf Amerika geworfen zu haben – mit Ausnahme des Kojoten, der Ausgaben des *Wall Street Journals* und des Galerieraums.

Auch bei dieser Aktion wurde nicht darüber geredet, sondern die Aktion bestand in der Tatsache, dass ein nicht gezähmtes Tier durch die Präsenz eine neue Beziehung aufbaut. Was wir an den Hirschbildern angedeutet hatten, die Beziehung zwischen bildnerischen Elementen als „Korrespondenz", das wird hier nun in die Tat gewendet: eine bildliche Aktion, die nicht nur symbolisch ist, sondern es wird tatsächlich eine Beziehung aufgebaut, eine Beziehungsgestaltung vor Augen geführt, wie sich an den eindrucksvollen Fotos von Caroline Tisdall nachvollziehen lässt.[35]

23 I Joseph Beuys, **Coyote (I like America and America likes me)**, 21.–25. Mai 1974, New York, Fotografien: Caroline Tisdall

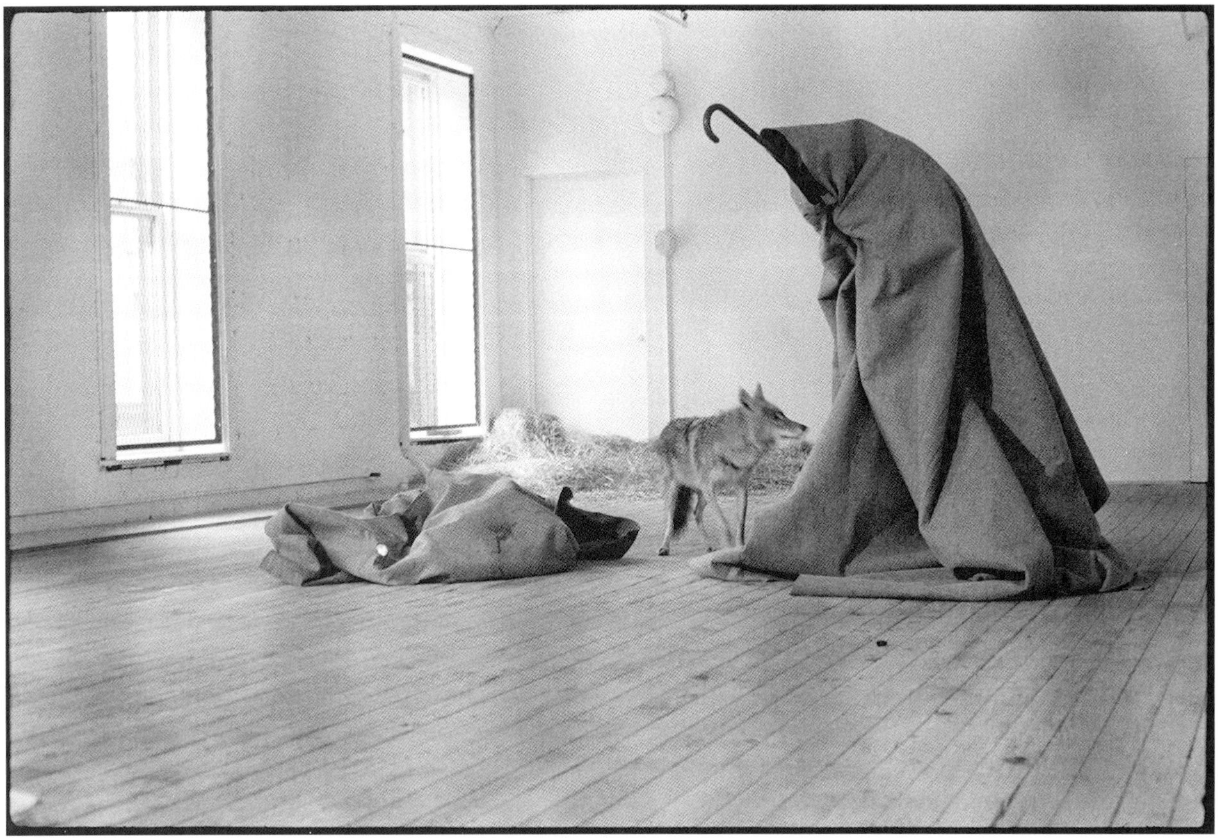

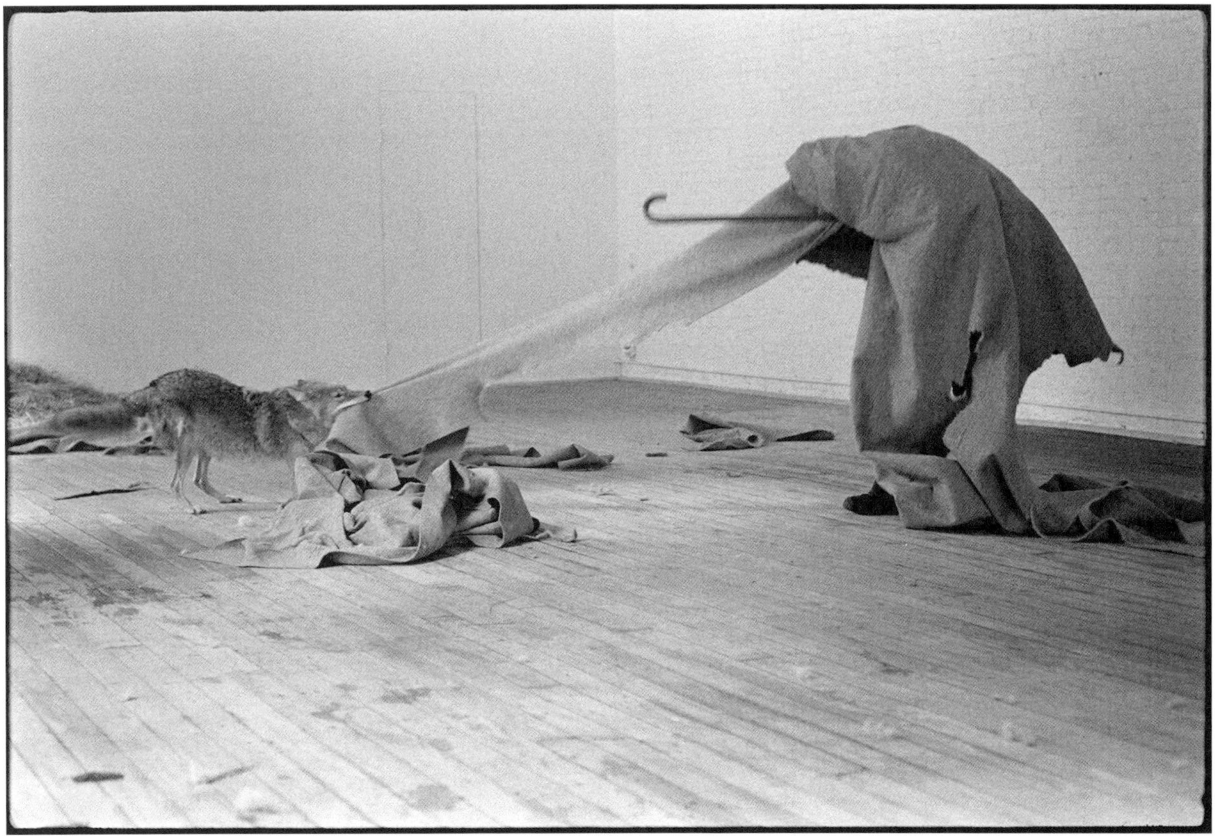

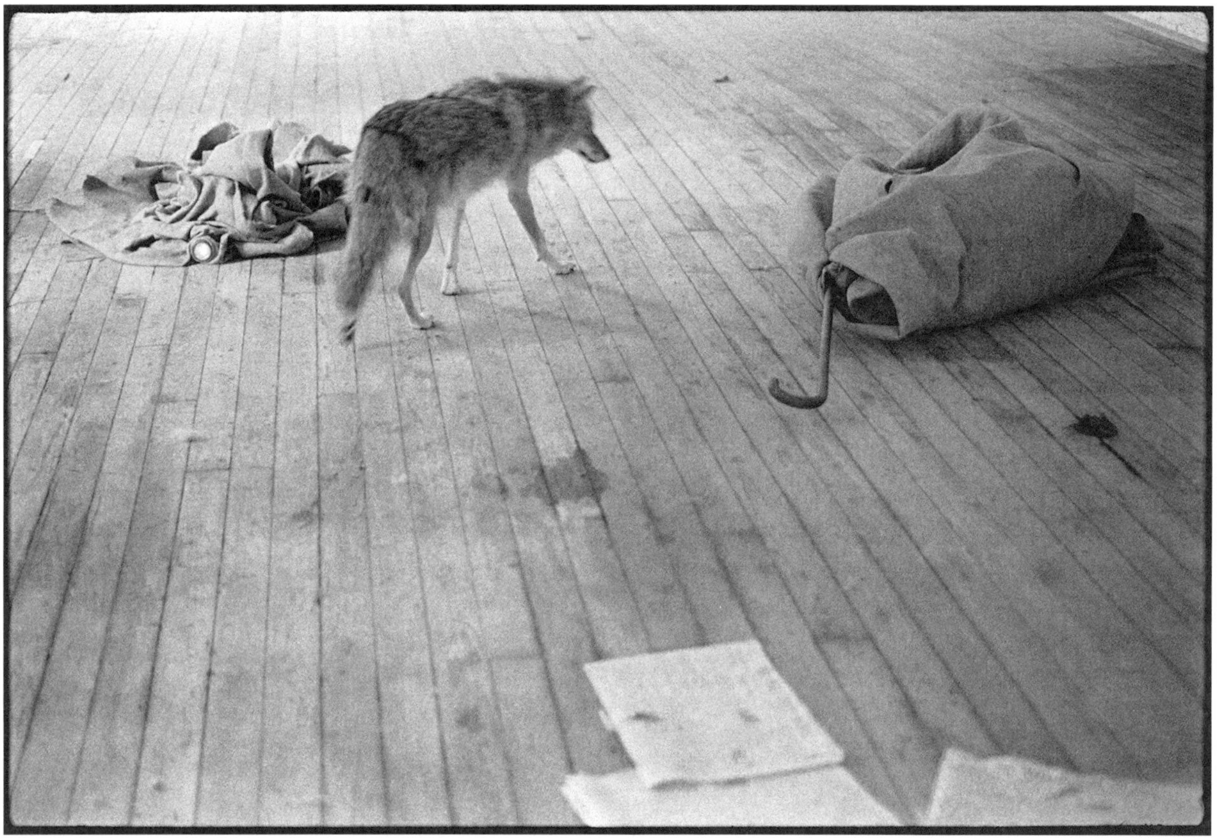

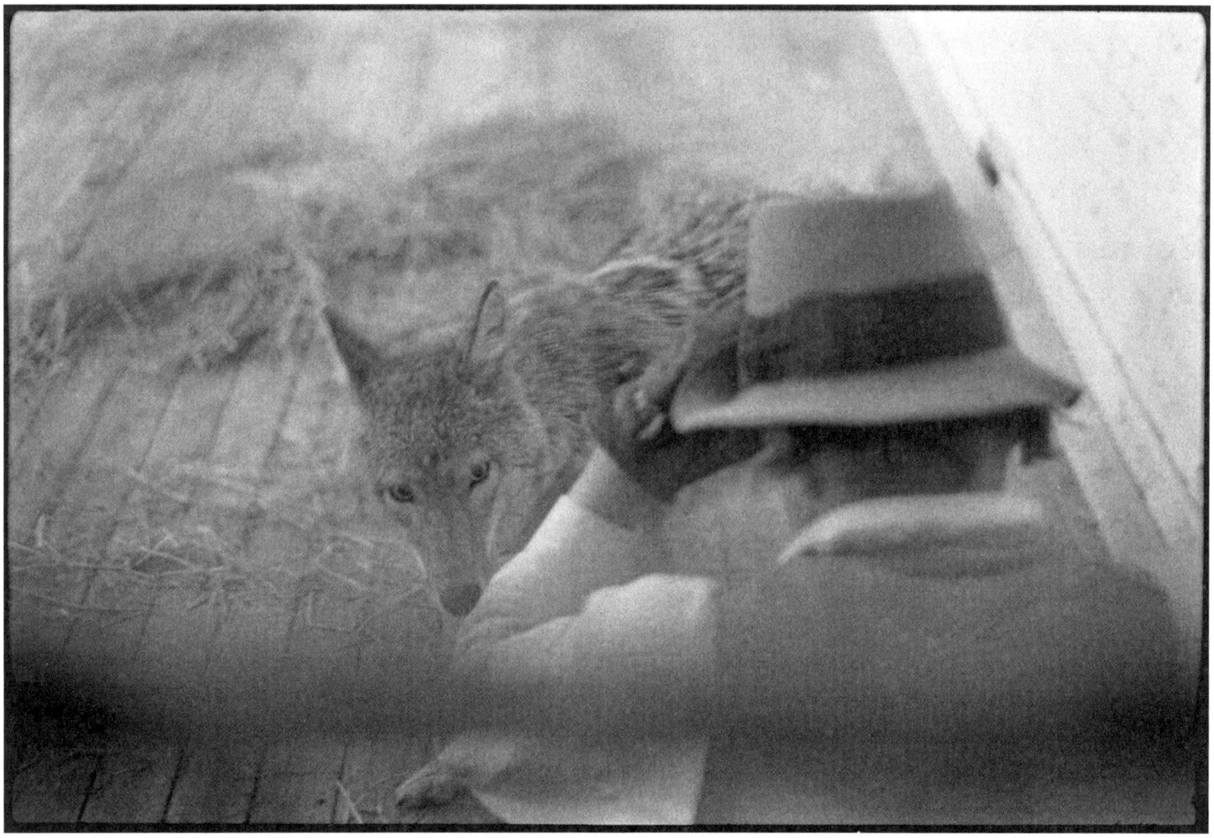

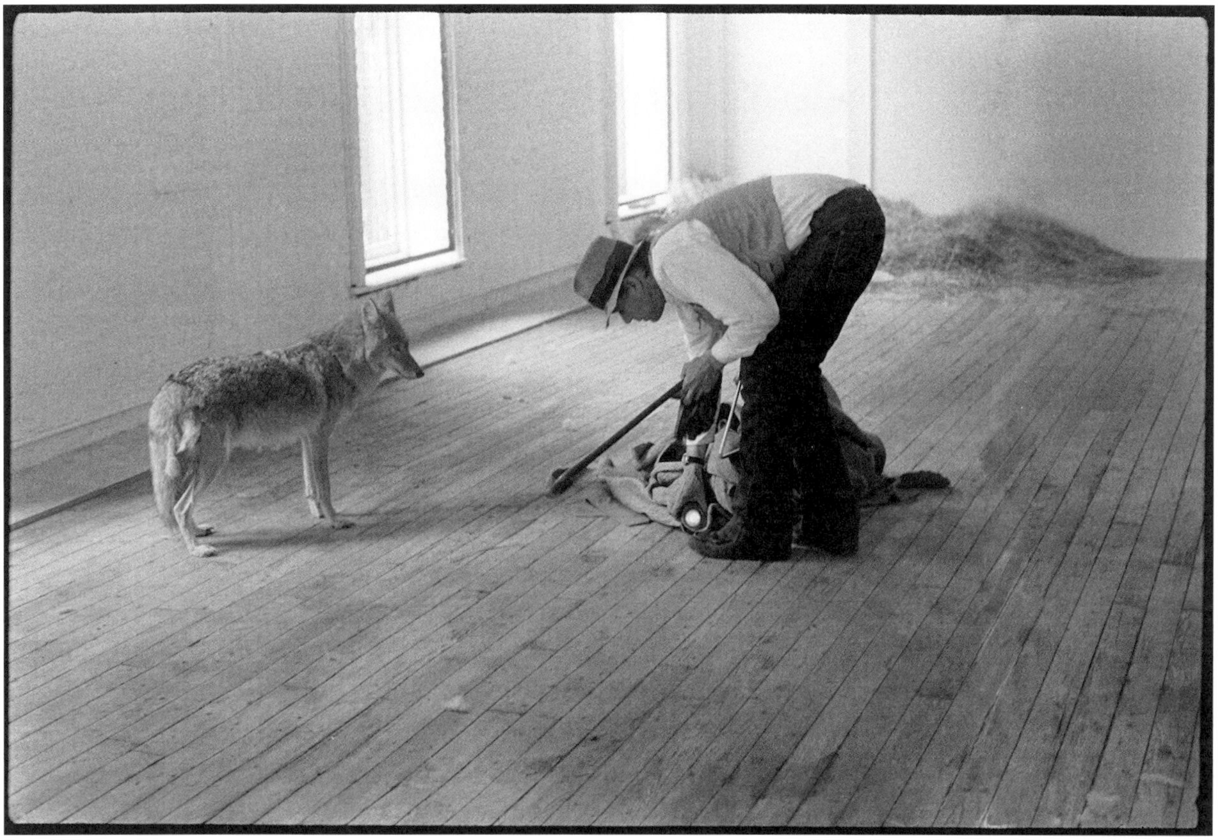

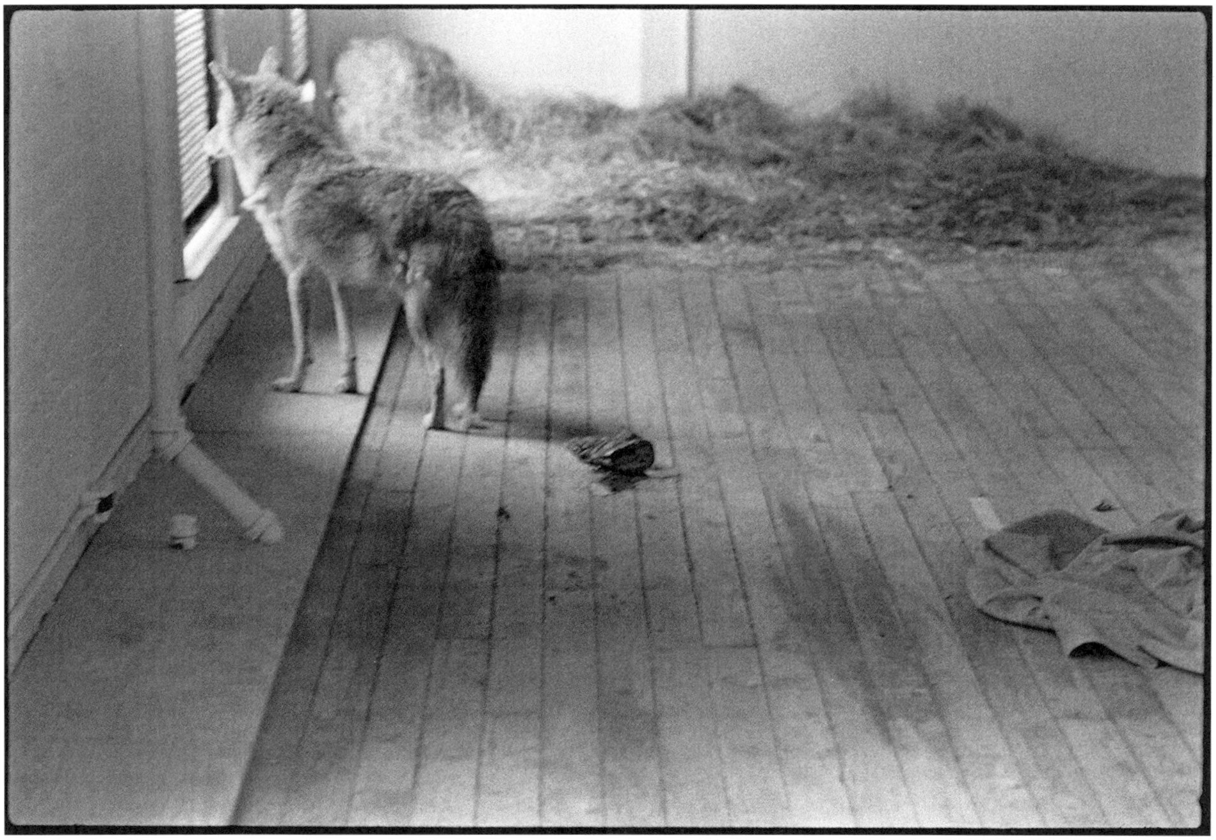

„Ich bin ja kein Gärtner, der Bäume pflanzt, weil Bäume schön sind. Nein, ich sage, die Bäume sind heute ja viel intelligenter als die Menschen.“ [36]

Joseph Beuys

7000 Eichen – die große Aktion in Kassel, bei der 1982 anlässlich der *documenta* 7000 Basaltbrocken auf dem Platz des Fridericianum aufgehäuft worden sind mit der Auflage, in der nächsten Zeit im ganzen Stadtgebiet von Kassel Eichen zu pflanzen und neben jede einzelne einen Basaltbrocken zu stellen.

Das war nun eine Aktion, die wirklich über die Tätigkeiten, die ein Einzelner durchführen kann, hinausgeht. Da war eine ganze Aktionsgruppe beschäftigt: der Stadtrat und die Bevölkerung. Da ging es heiß her. Es wurde diskutiert, ob das sinnvoll ist oder nicht, und es kam nun zu einer Beziehungsgestaltung. Diesmal nicht nur zu einem Kojoten, sondern zu einem noch viel gefährlicheren Tier, nämlich der öffentlichen Meinung. Beuys hat nun, ohne Parteibotschaft, ästhetisch etwas etabliert. In diesem Zusammenhang ist etwas in einem Gemeinwesen entstanden, in einem doppelten Sinne, wobei an jedem der Orte real ein Kunstwerk zustande kam. Auf der einen Seite die gewordene Form, der Basalt, und auf der anderen Seite das sich wachsend entwickelnde Lebenselement, die Eiche. Das Kunstwerk kann darin als eigenständige Präsenz erfahren werden, als gewordene und als sich ständig entwickelnde Gestalt. Dies beides ist eins und gerade als dieses eine – ist das Kunstwerk Bild und Abbild und Aktion zugleich.

Dieses Prinzip der gewordenen Form und der dynamisch weiterwachsenden Erscheinung als Gemeinschaftsaktion, als Umgestaltung einer Stadt, das hat Realwirkung und soziale Rückwirkung in der ganzen Region, die sich im Einzelnen nicht verbalisieren lässt, die aber insgesamt natürlich eine ungeheure Bedeutung haben kann. Und so können wir sehen, dass immer in einer ganz einfachen Formel, als Aktion, als Bild oder eben als Gespräch selbst die Trennung zwischen ideellem Inhalt und einer Tat aufgehoben wird, sodass die Tat selber ideell wird oder man könnte sagen: das Ideelle selbst tathaft erscheint, sinnlich wird.

24 | Joseph Beuys pflanzt den ersten Baum der „Aktion **7000 Eichen**“ am Rand des Friedrichsplatzes vor dem Museum Fridericianum, Foto: Dieter Schwerdtle, 16. März 1982

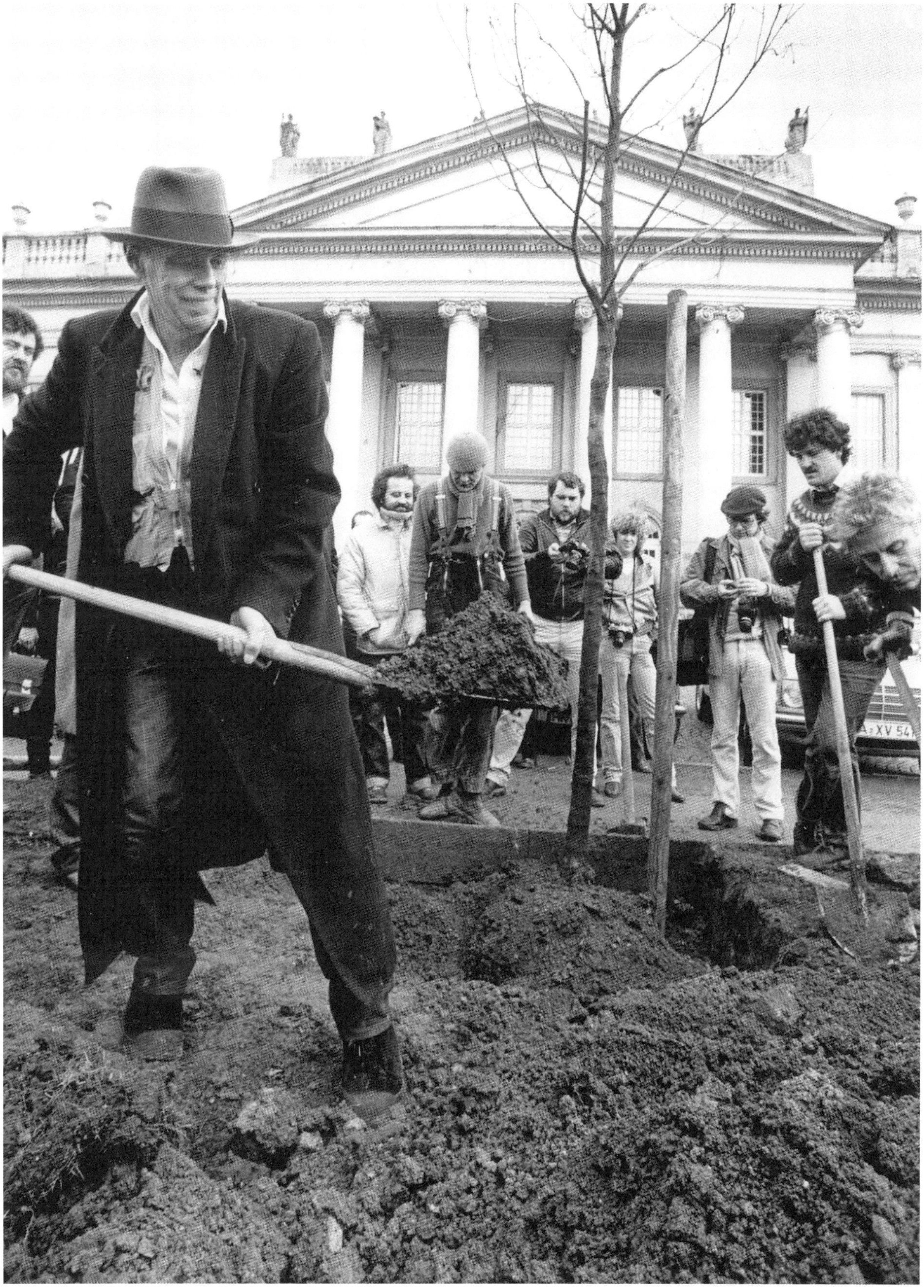

„Die einzige Genialität, die ich besitze, ist die, dass ich mich mit dem Druck der Zeit bewege, während andere sich dagegen bewegen. Was ist der Druck der Zeit?“ [37]

Joseph Beuys

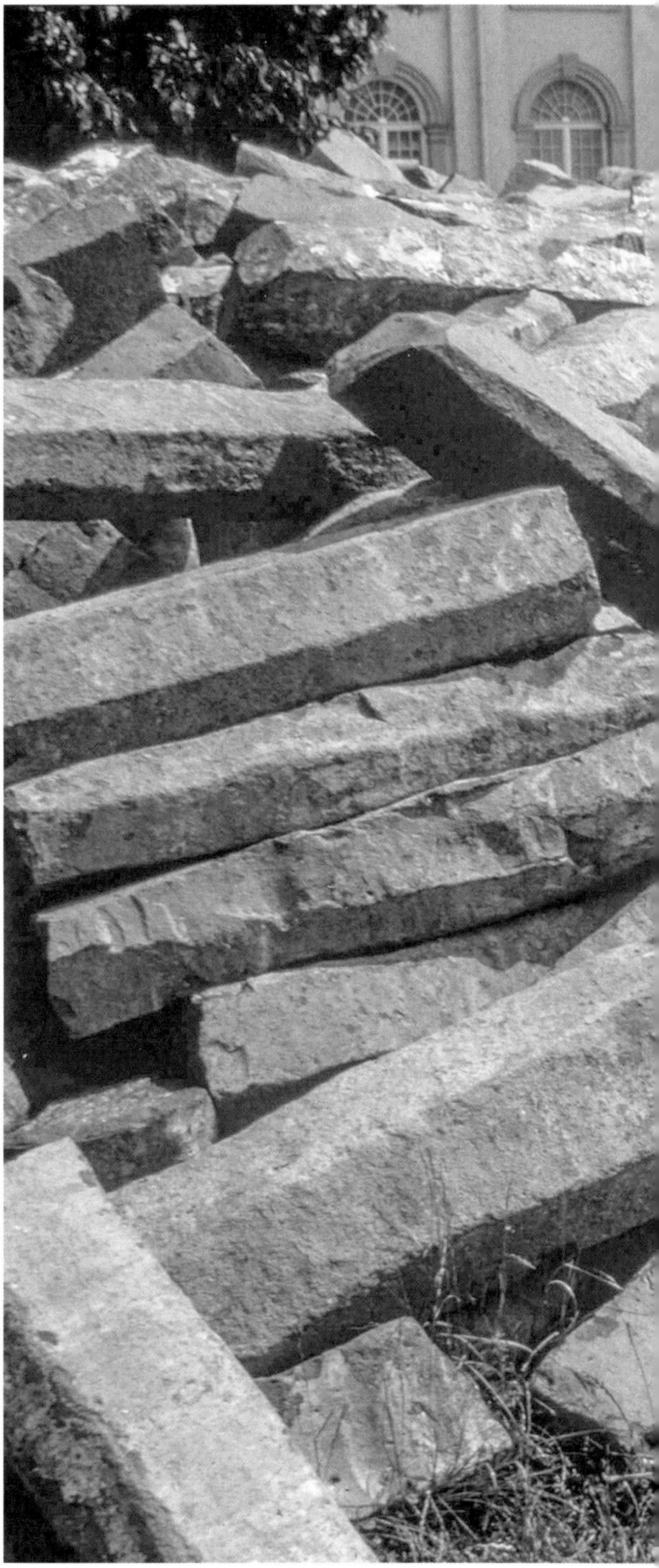

Zur Tatseite gehört auch das Gesprächskunstwerk Beuys und zwar in Permanenz, ich hatte es schon angesprochen. Beuys war offen für Gespräche und hat gesprochen mit jedem und im Gespräch hat er Beziehung gestaltet.

Denn was das Soziale anbelangt, ist jeder Einzelne jedes anderen Kojote und wir müssen sehen, wie wir das zu gestalten lernen – und wenn ich das ironisch sage, ist das ein gewisser Schutz. Es gibt nichts Gefährlicheres als den Mitmenschen, es macht aber auch sehr viel Spaß, mit dieser Tatsache umzugehen.

Die *Soziale Plastik* ist sichtbar. Das Problem dabei ist, dass es Angst macht, wenn einer etwas tut, was zugleich bedeutungsvoll ist und Konsequenzen hat. Denn es führt an magische Formen heran, besonders dann, wenn der Zusammenhang zwischen innerer und äußerer Aktion nicht mehr aufzulösen ist. So kann das Urteil entstehen: Das ist ein Medizinmann, das ist ein Schamane. Magische Formen und Rituale wurden früher ganz selbstverständlich eingesetzt, Beuys jedoch schöpft nicht aus dem Instinkt, sondern aus seinem gestalterischen Bewusstsein.

25 | Joseph Beuys vor den Basaltsteinen für seine Aktion ***7000 Eichen***, Foto: Kollektion Niklaus Stauss, Juni 1982

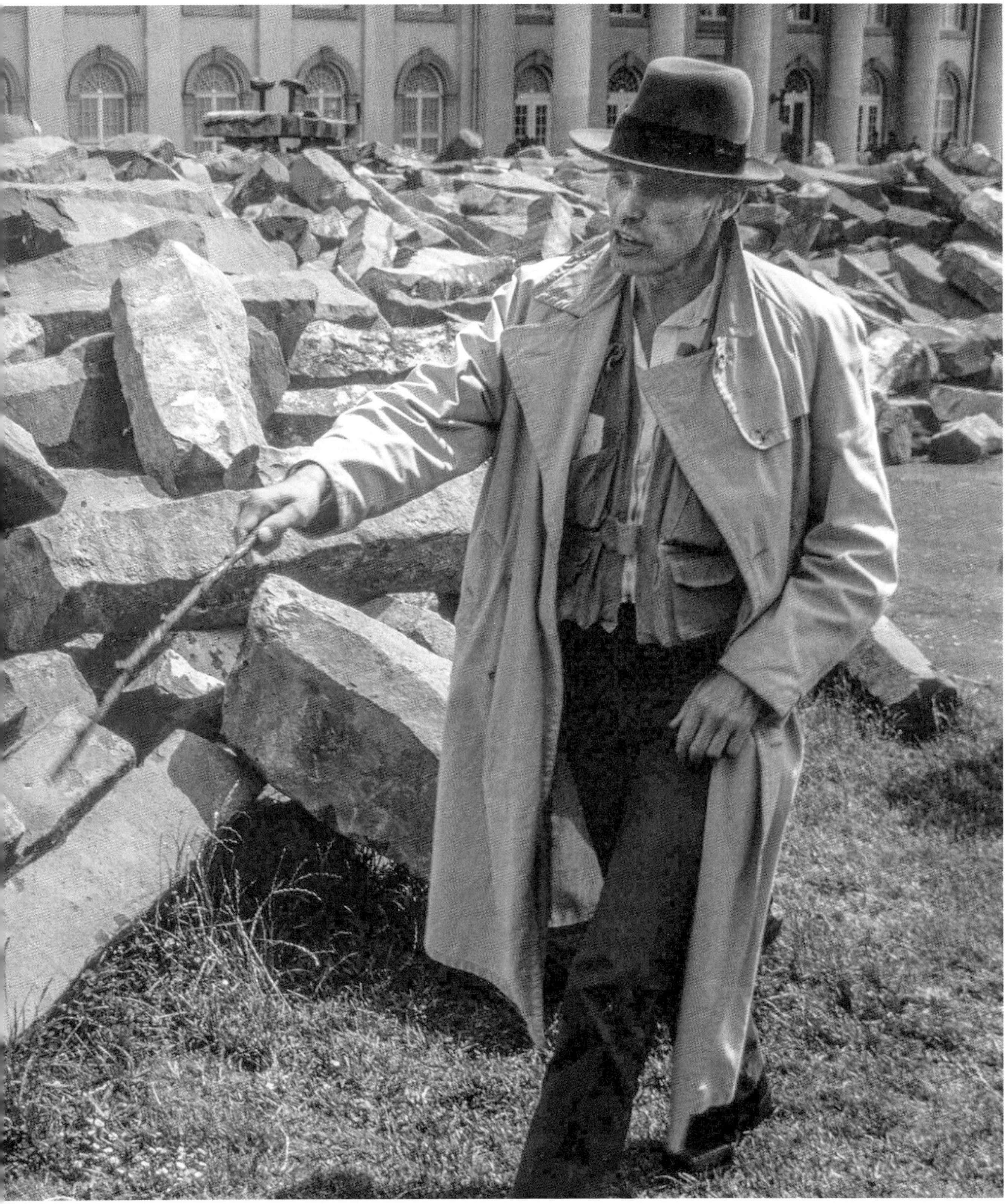

DRITTER ZUGANG

DAS MAL

*„Was könnte überhaupt der Sinn der Kunst sein,
wenn es nicht die humanitäre Frage wäre,
wenn sie nicht etwas liefern kann,
was substanziell für den Menschen ist?"* [38]

Joseph Beuys

26 | Joseph Beuys, **Hirschdenkmäler**, Aufbau im Lichthof des Martin-Gropius-Baues in Berlin für die Ausstellung Zeitgeist, 1982, Foto: Barbara Klemm

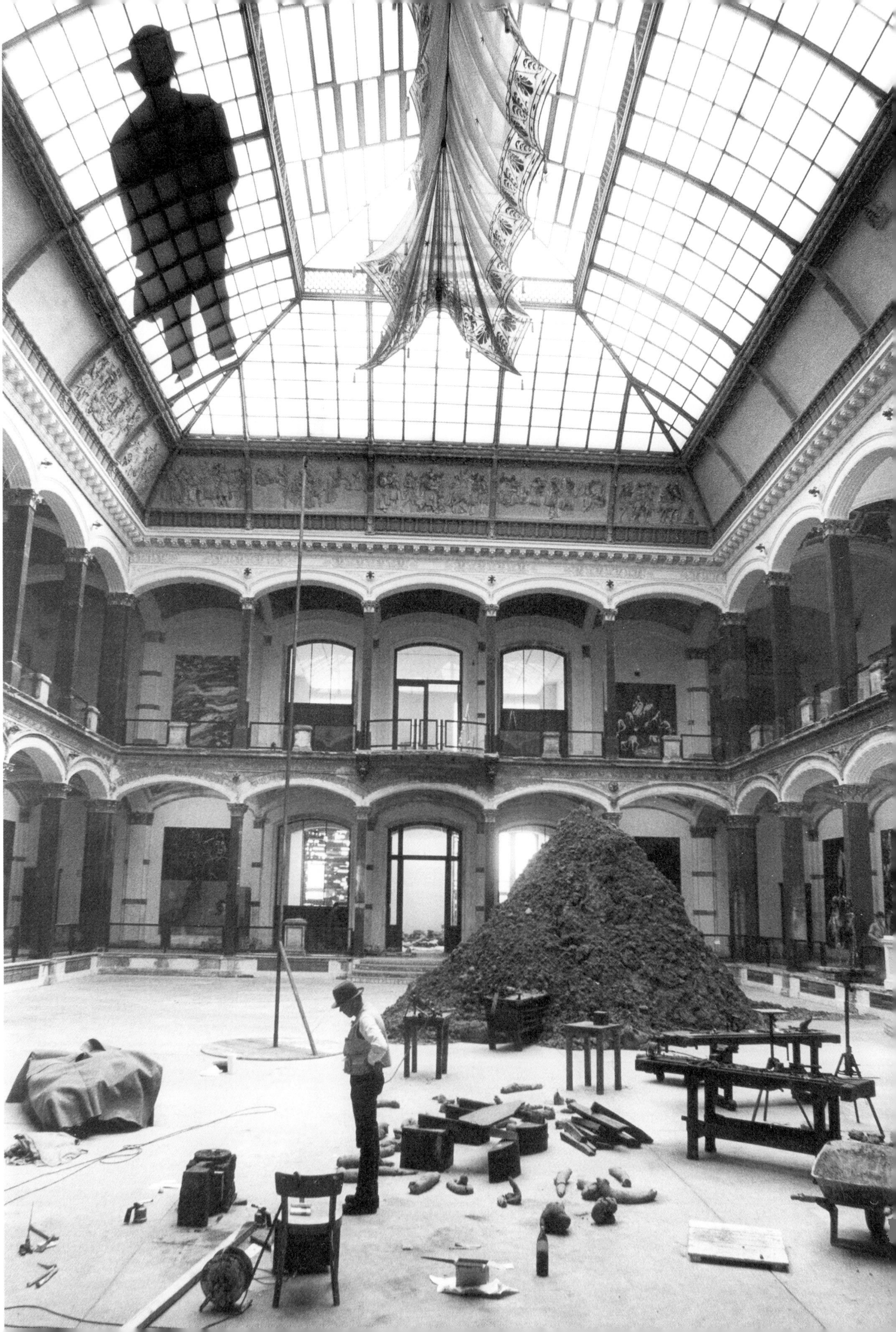

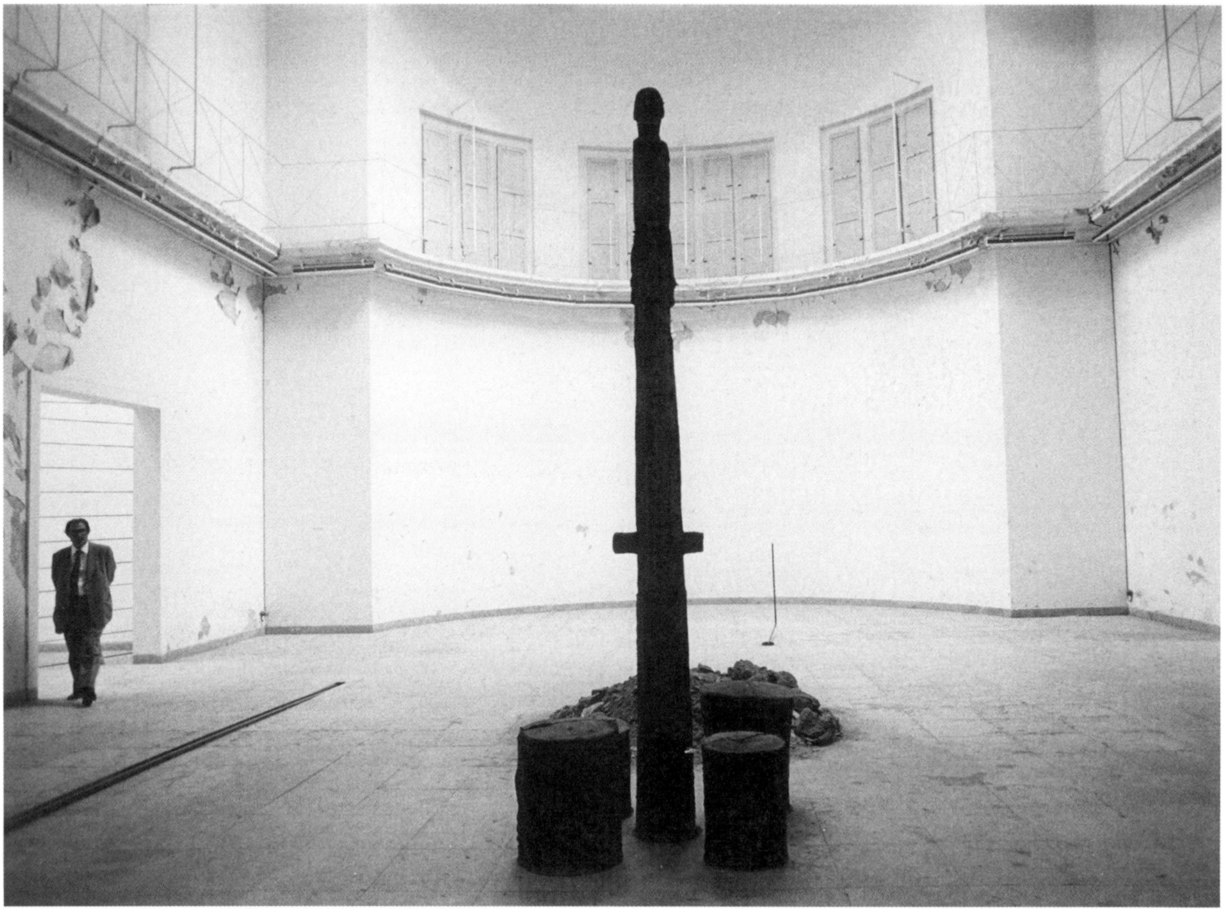

Nun kommen wir in einem letzten kurzen Streifblick noch auf das Werk, das ich als das Mal bezeichnen möchte, zu sprechen.

Ich habe mich auch immer wieder mit den Kunstwerken von Beuys beschäftigt, die nach den Aktionen ins Museum gelangt sind. Immer habe ich ein wie verwaistes Gefühl gehabt. Der vermittelnde Joseph Beuys ist nicht mehr da. Man hat eigentlich Relikte vor sich, als würde man in das Zimmer eines Freundes gehen, wo noch alles da ist, doch er ist gestorben. Trotzdem gibt es da in dem Werk einige markante Punkte, die gerade dieses Verlassensein selbst schon in sich tragen. Sie haben einen Charakter, der uns dazu veranlasst, innezuhalten.

Auf der 37. Biennale in Venedig hat Joseph Beuys für den deutschen Pavillon eine Installation gezeigt, die aus einem abgegossenen Kanonenrohr, einigen leeren Munitionskisten und aufgehäuftem Schutt bestand, den Beuys einem 25 Meter tiefen Loch entnahm, das er in den Boden des Pavillons bohren ließ. Auf dem

27 | Joseph Beuys, **Straßenbahnhaltestelle**, Biennale Venedig, 1976, Foto: Barbara Klemm

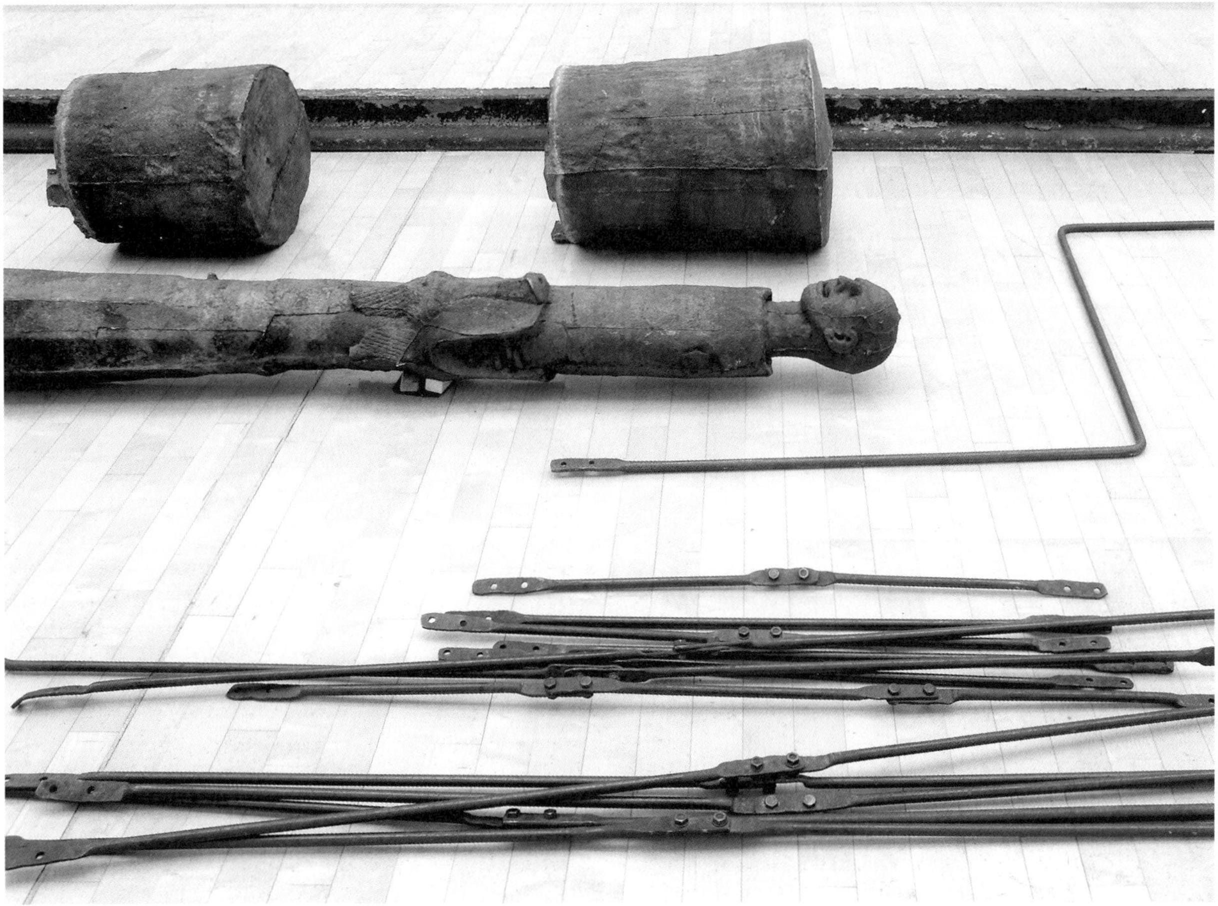

aufgerichteten Kanonenrohr montierte Beuys eine gusseiserne Kopfskulptur. Die Allusionen und Assoziationen ergeben sich daraus, dass Beuys die Straßenbahnhaltestelle einmal, sozusagen in concreto, installiert hat, dann aber die abgebauten Gebilde, die Reste, in einer zweiten Installation als abgelegte Elemente weiter verwendet hat und dadurch wiederum auf die erste Installation verweist. Man kann darin eine Tendenz sehen, eine schon gewordene Gestaltung in einem anderen Zusammenhang als vergangene Gestaltung zu vergegenwärtigen, also eine Art Zeitdistanz aufzubauen.

Wenn wir nun bemerken, wie ein solches Mal als Handlungsmal und Außenvollzug dargestellt wird, kann uns dabei auch ins Bewusstsein treten, dass wir etwas sehen und zugleich darüber reflektieren und dabei in eine Art Denkprozess kommen angesichts des Gesehenen.

28 | Joseph Beuys, **Straßenbahnhaltestelle**, Kurhaus Museum, Kleve 2016, Foto: Roland Weihrauch

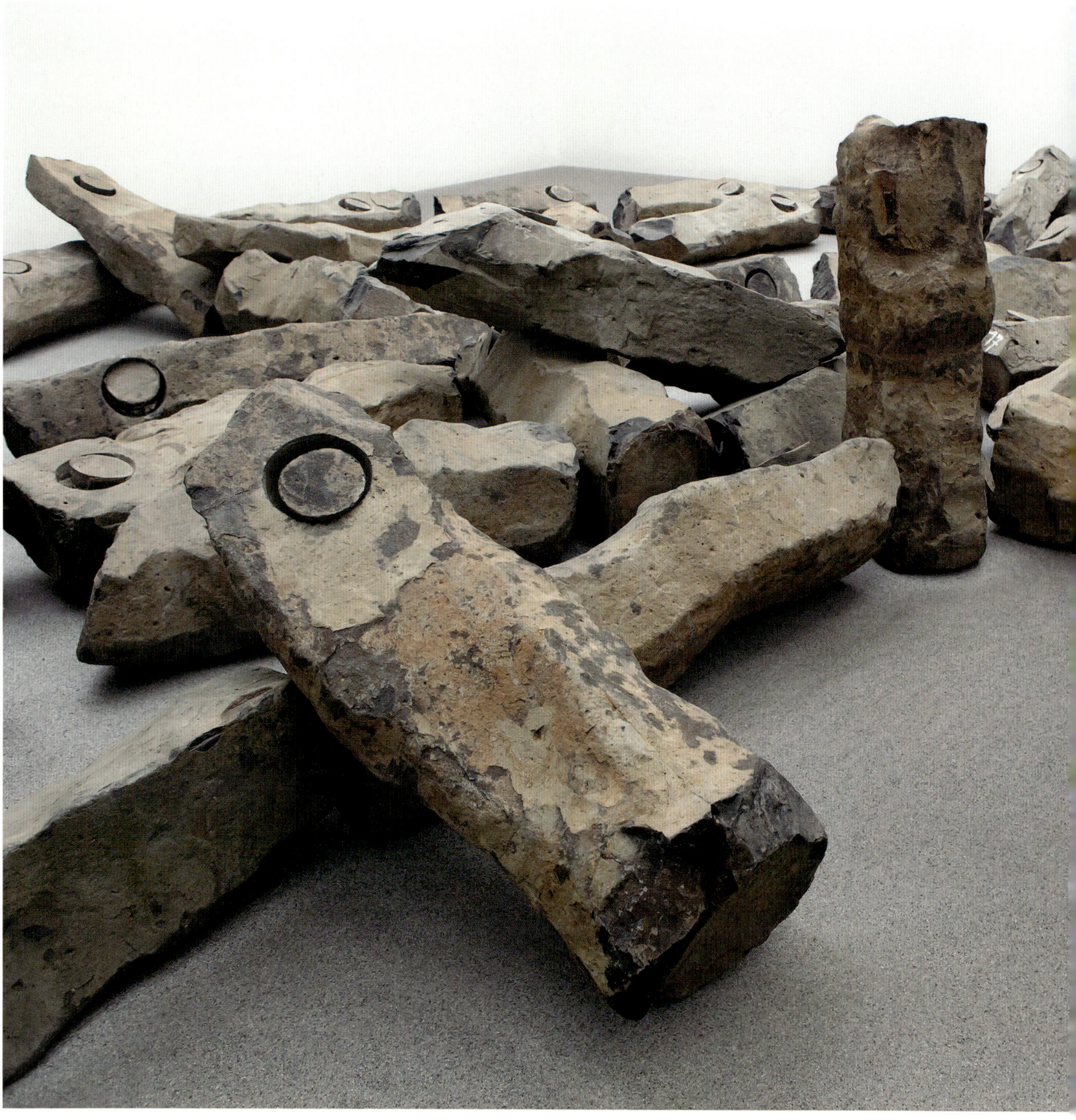

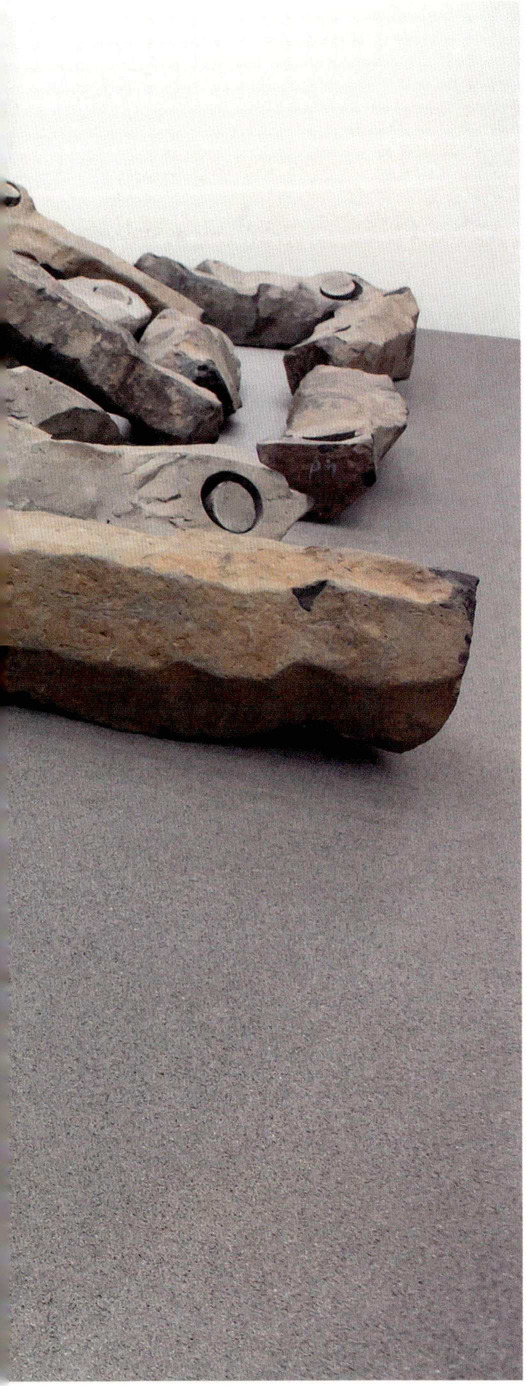

Das nebenstehende Foto zeigt Basaltbrocken in einer Installation. Jeder Einzelne ist angebohrt, sodass ein Ring entsteht. Und diese nun an einer Stelle tangierten, berührten, man könnte auch sagen, verletzten oder umgestalteten Naturformen, die so dicht auf kleinem Raum zu sehen sind, erzeugen eine Wahrnehmung, die eine Art Überwältigungsstruktur hat. Was hier entsteht zwischen der Naturbelassenheit und diesem kreisrunden Eingriff, ist wieder eine Spannung wie bei den Metallen, aber eine Spannung, die uns als Betrachtende auflädt. Denn es ist nicht zu entscheiden, was das ist, es ist weder ein Naturding noch ein Kunstding, es liegt dazwischen. Diese Spannung wird durch die physische Gegenwart des Unentschiedenen, das zwischen Zeichen und Natur vorhanden ist, induziert. Darin zeigt sich etwas wie ein Memento mori, wie eine Erinnerung daran, dass die Beziehungen zwischen den Gestalten immer wieder neu zu erkennen sind, neu zu erfassen sind und doch unbewältigbar bleiben. Und wenn Beuys dies nun bezeichnet als *Das Ende des 20. Jahrhunderts*, dann wird man das nicht auf eine Formel bringen, aber eine Anmutung haben, die in eine bestimmte Richtung weist. Nehmen Sie hinzu, was die Romantische Theorie über das Steinerne als künstlerische Form gesagt hat, als Ausdruckswert[39], dann kann man hier bemerken, dass es Beuys gelingt, ein Naturding, nämlich so einen Basaltbrocken, durch diese Zusammenhäufung und durch die Einformung eines einzelnen Akzents, in eine Wertigkeit zu bekommen, die dann auch ohne die Vermittlung des redenden Künstlers selbst eine Anmutung im Betrachter, in der Betrachterin aufwecken kann.

Wie ein Kompendium, wie ein Vermächtnis, wie eine Zusammenfassung aller der angesprochenen Qualitäten im Werk von Joseph Beuys finden wir in seiner letzten Installation, die wir abschließend noch betrachten wollen.

29 | Joseph Beuys, **Das Ende des 20. Jahrhunderts**, 1983

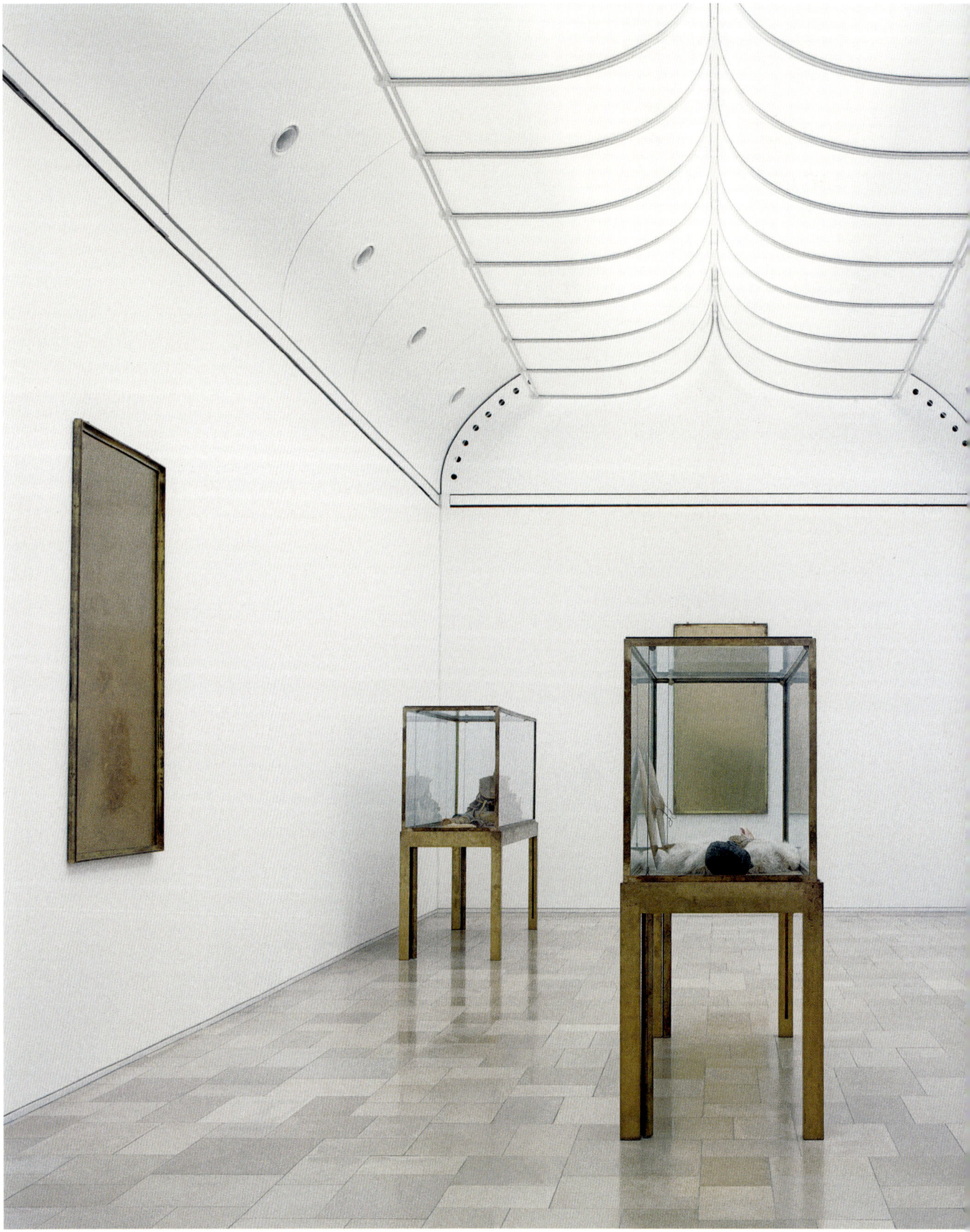

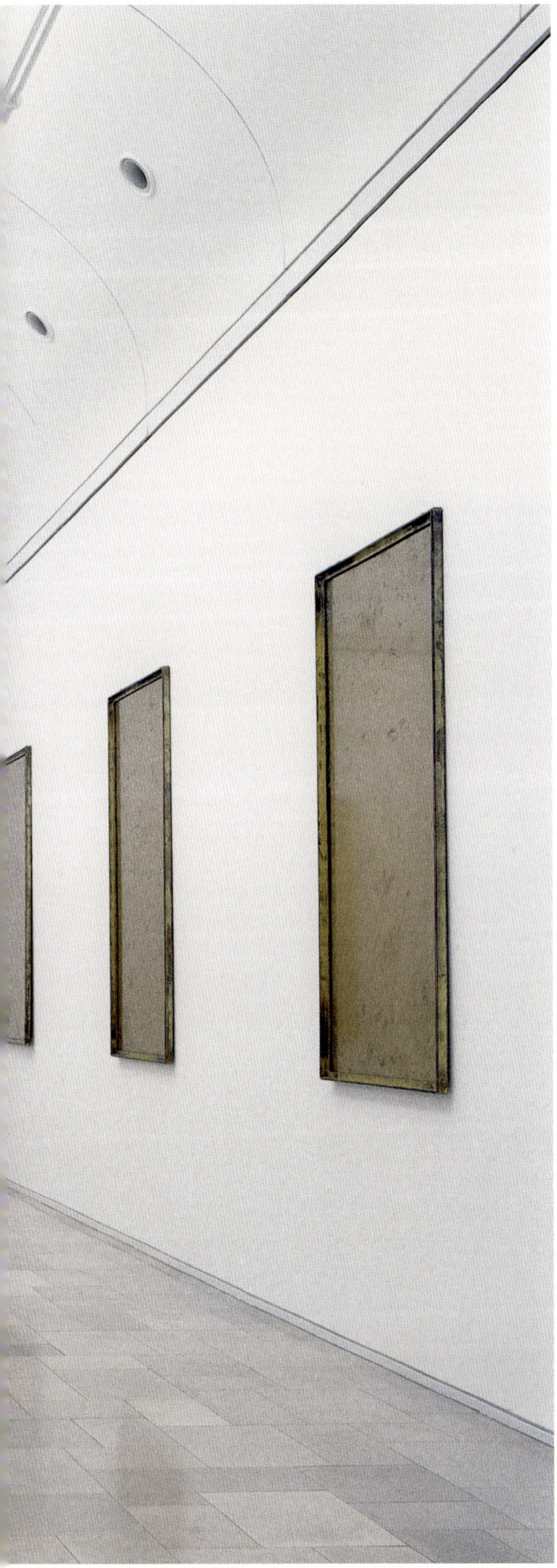

Palazzo Regale: Ein Raum, weiß angestrichen, diffus beleuchtet, mit sieben rechteckigen, spiegelartigen Messingtafeln, schimmernd mit Fingerspuren, asymmetrisch an den Wänden verteilt. Zwei Vitrinen aus Messing, die eine im Zentrum des Raumes, die zweite in der hinteren Ecke platziert.

Wenn man den Raum betritt, ist eine bestimmte Feierlichkeit gar nicht zu unterdrücken. Man wird eingestimmt, man sieht in die Spiegel, es spiegelt sich aber nichts, nur ein ganz diffuses Bild. Man wendet sich den Vitrinen zu.

Nun findet man in der vorderen Vitrine Gegenstände, die Sie schon kennen: Jenen zitierten Kopf als Gussstück, aufgelegt auf das blanke Messing. Ich erinnere an das Element der Berührung, was in Sprache zu bringen mir vorher sicher nicht gelungen ist, was Sie aber vielleicht doch nachempfinden können, wenn Sie sich vorstellen, wie das raue Gusseisen auf dem glatten Messing aufliegt. Dann ein mit blauer Seide gefütterter Luchsmantel, den Beuys mehrfach in Aktionen getragen hat, zwei Konzertbecken, auch aus einem anderen Zusammenhang dazugelegt, und eine Muschel, das Gehäuse eines Tritonshorns, das der Künstler als Signalhorn im Zusammenhang mit der Besetzung des Sekretariats an der Düsseldorfer Kunstakademie benutzt hat. Wie ein Glassarg, in dem eine Mumie liegt, aber eben keine Mumie, sondern:

30 | Joseph Beuys, **Palazzo Regale**, 1985

„Den Palast, den wir zuerst erobern und dann würdig zu bewohnen haben, ist der Kopf des Menschen, unser Kopf.“ [40]

Joseph Beuys

jener Kopf, Pelzmantel, die beiden Becken. Wenn Sie nun den Assoziationen freien Lauf lassen, die heraufkommen durch die Klangbecken, durch den wärmenden Pelz, durch das Metallische und die Muschel beim wasserblauen Mantelfutter, dann können Sie als Betrachtende dieser Elemente, dieser Zitate, in eine Gestimmtheit kommen, die über die Einzelobjekte hinaus geht. Als Betrachtende sind wir ständig in Bewegung, wenn wir uns darauf einlassen, die einzelnen Dinge nicht als Dinge zu konnotieren, sondern im Übergang zwischen den Dingen die eigentliche Erfahrung der Bewegung und durch sie die Erkenntnis des inneren Wertes, des Sinns zu machen. Einzeln sind diese Dinge absurd, im Kontext können sie sinnvoll werden. Auch in der anderen Vitrine findet sich ein solches Sammelsurium wie Grabbeigaben: ein Rucksack mit einem Filzkeil in der Seitentasche, drei elektrische Klammern mit Kupferdrähten, zwei große Nadeln sowie zwei Spazierstöcke aus Kupfer, drei vertrocknete Scheiben Schinken und ein großes Stück Speck. Sehr praktische Beigaben, aber wohl nicht für eine Wanderung und trotzdem unweigerlich Hinweis auf Weg, auf Spur, auf Ausrüstung, wenn Sie an das denken, was den Pharaonen mit ins Grab gegeben wurde: eine Versorgung für den Weg ins Jenseits, aber zugleich als eine Lebensspur der diesseitigen Präsenz. Hier bei Beuys nun ist ja niemand gestorben, es ist keine tatsächliche Grabbeigabe. Es ist wieder die Aufforderung, in dem abgeschlossenen Raum der Vitrine etwas aufeinander zuzuführen, die zweite Vitrine und die erste Vitrine miteinander in Beziehung zu setzen und das in den Spiegeln zu reflektieren. In dem Sinne, dass der Spiegel wieder blind ist.

Mit dieser Installation wird wiederum auch die subkutane, untersinnliche Ebene angesprochen, und wir kommen in eine Stimmung, die uns ermöglicht, dieses Sammelsurium als Ganzheit nach und nach zu erfühlen. Es wird uns nicht gesagt, was wir erfühlen. Es wird kein schlüssiges Konzept geboten. Sie können den Raum verlassen, wie Sie gekommen sind. Sie können aber auch in die Prozesse, in die einzelnen Dinge hineingehen und selbst tätig werden. Sie können aus dem Zusammenhang der scheinbar zusammenhanglosen Einzelteile etwas aufbauen, was kaum in Worte zu fassen gelingt, wobei aber ein ganz spezifisches tathaftes Gefühl entstehen kann.

Sie bemerken, dass auch ich hier an eine Stelle komme, die das Formulieren schwierig macht, wo ich nur eine Grenze bezeichnen kann und die

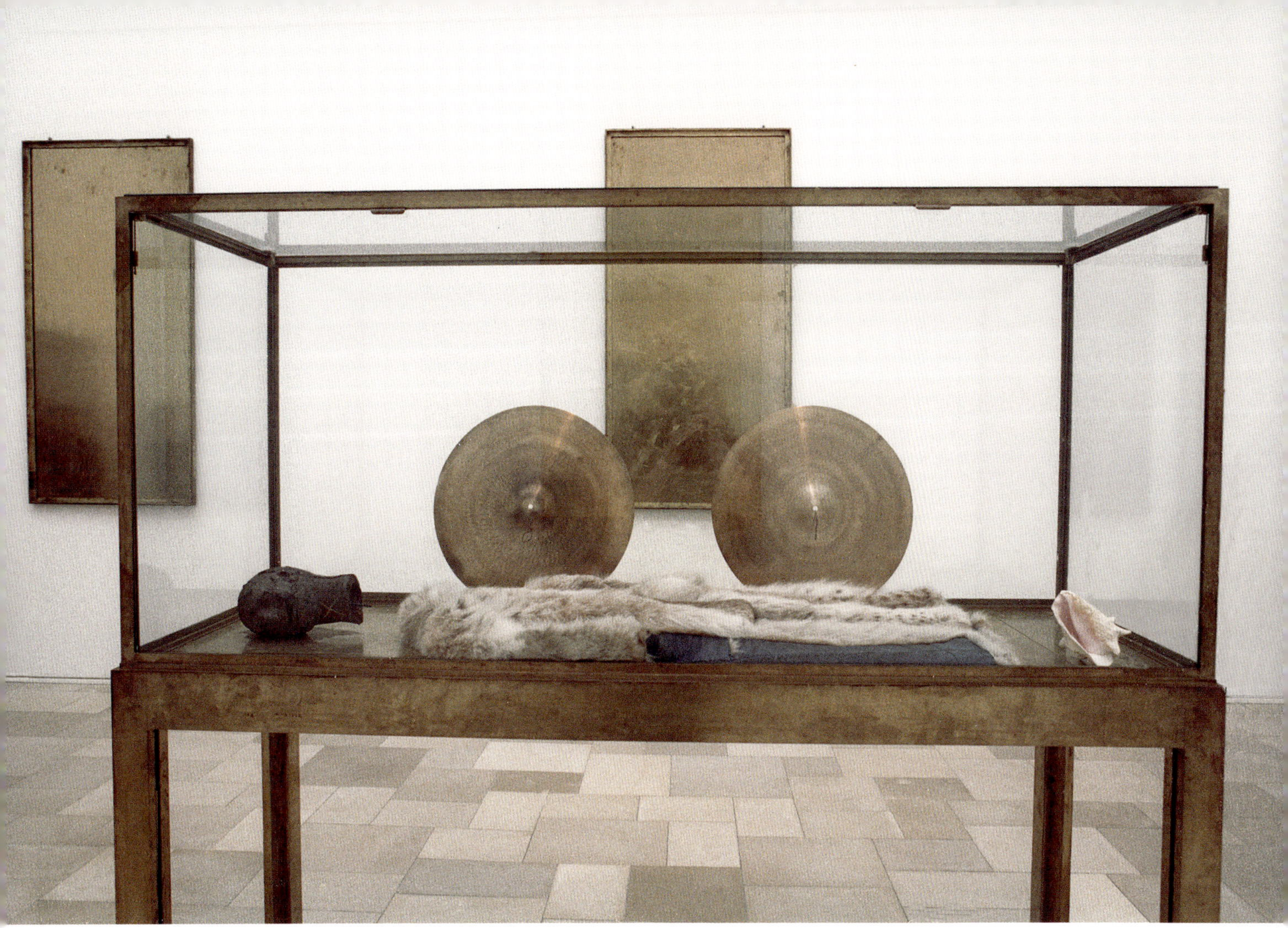

Kunst-Sehenden mit allen Konsequenzen auf die eigene Konfrontation mit dem Kunstwerk verweisen muss.

Wenn Sie sich den Spaß machen, eine Zeit lang wirklich nichts zu verstehen und aus dem keimenden Verständnis eine Selbsterfahrung zu schaffen, dann sind Sie Beuys wesentlich näher, als wenn Sie irgendwelche Reden über Beuys kolportieren.

Abschließend möchte ich sagen: Was dem Künstler Beuys gelingt, ist, die Tatseite und die Ideenseite im Leben als Kunst zu verbinden. Tat und Idee werden Anlass, den Bereich der Sinne zu erweitern, damit wir an die Grenzen des Sinnlichen kommen. Und was sind die Grenzen des Sinnlichen? Das ist das Untersinnliche und das Übersinnliche. Ich möchte sogar sagen: Die Sinnlichkeit hat überhaupt nur eine Chance, weil sie übersinnlich und untersinnlich ist. Wenn das nur sinnlich wäre, nur pure Materialbegegnung, nur Stoff gegen Stoff, da würde nichts entstehen. Beuys zeigt uns, wie eben gerade in dem Zwischenbereich zwischen den Materialien, zwischen den Stoffen, zwischen den Prozessen das eigentliche Leben sich vollzieht. Die Sinnlichkeit erweitert die Sinne in Richtung Übersinn und Untersinn. Die Tat motiviert Verwandlungsprozesse von Sinn zu Leben und von Leben zu Sinn. Das Mal verbürgt, dass es hier auf der Welt Zeugen dafür gibt, dass all das wirklich stattgefunden hat.

Ich danke Ihnen für Ihre Aufmerksamkeit.

31 I Joseph Beuys, **Palazzo Regale**, 1985, (Detailansicht)
Kunstsammlung Nordrhein-Westfalen

IRRITATION UND SENSIBILISIERUNG – DAS ZUSAMMENSPIEL VON BEUYS UND BOCKEMÜHL

Eine intensive Zeit liegt hinter uns, die wir mit dieser Vorlesung verbracht haben, sowohl im Team als auch persönlich. Beuys selbst, seine Kunstwerke, aber auch seine Aktionen sowie die Kombination von Beuys und Bockemühl haben uns zum Nachdenken bewegt und unsere Selbstreflexion angeregt: Aus einer Auseinandersetzung mit der Kunst wurde eine Auseinandersetzung mit der Welt.

Wir konnten bei uns selbst beobachten: in den ersten Minuten, in denen wir uns Beuys Kunstwerke anschauten, kam eine Art Irritation und Überforderung auf. Instinktiv wollten wir schnell vorbeigehen und uns der Auseinandersetzung entziehen. Doch letztlich führte genau diese Irritation dazu, dass wir länger verweilten und begannen, in die Komplexität einzudringen. Aus Irritation wurde Faszination, und daraus erwuchs ein Interesse an dem, was wir sahen. In solchen Momenten begriffen wir, was Beuys und Bockemühl miteinander zu tun haben: Sie appellieren an die Sinne, an das Sehen und Empfinden. Diese Erkenntnis befeuerte uns in der Arbeit an der Herausgabe dieser Vorlesung. Wir haben das Gefühl, dass es in der jetzigen Zeit, in der Bilder und Informationen besonders intensiv auf uns eindringen, wichtig ist, über das aktive Sehen – zu dem Bockemühl anregt – den gestalterischen Impetus von Beuys Kunst selbst aufzugreifen und ihn in der Welt zu verwirklichen.

Durch die Arbeit an der Herausgabe dieser Vorlesung haben wir nicht nur geübt, uns mehr Zeit zu nehmen, Kunst zu betrachten und den eigenen Augen zu vertrauen, sondern es ist zudem ein Perspektivenwechsel entstanden: Wir erkannten, dass wir als Menschen die Welt mitgestalten können und letztlich auch sollen. Es ist, als seien uns die Augen geöffnet worden, so dass wir offener und wachsamer durch die Welt gehen.

Die im Gespräch immer wieder und in unterschiedlicher Weise geäußerte Formel von Beuys: „Jeder Mensch ist ein Künstler“ und der von Bockemühl stammende Gedanke, dass der Betrachter und die Betrachterin

„Alles, was wir an Problemen vorfinden auf dieser Welt, ist die Frage des Wie, das heißt, alles sind Formbestimmungen, also Gestaltungsphänomene.“[41]

Joseph Beuys

das Kunstwerk im Anschauen verwirklichen, war uns echte Inspiration. Daraus entstanden Fragen: Was mache ich überhaupt mit dem, was ich sehe? Inwiefern nimmt es Einfluss auf mein Handeln und was fordert es von mir? Wie kann ich gestalten und mein aktives, bewusstes Sehen einsetzen, um zu verändern?

Das durch Bockemühl angeleitete aktive Sehen ermöglicht uns – wie erwähnt – Irritation in Interesse zu verwandeln. Durch Beuys‘ Zentrierung auf den Menschen als Hauptakteur der Gestaltung fordert er uns dazu heraus, die eigene Schöpferfähigkeit wahrzunehmen und einzusetzen. Dadurch erkannten wir, dass unsere Einflussnahme unerlässlich ist und wir als Menschen dazu aufgefordert sind, in Verantwortung unsere Welt zu gestalten. Beuys gibt den Betrachter*innen also die Möglichkeit, Kunst im eigenen schöpferischen Tun zu verwirklichen, ihren eigentlichen Sinn und Zweck zu erfüllen. Dadurch wird Kunst viel größer als das ausgestellte Kunstwerk. In Beuys Worten: „Alles, was wir an Problemen vorfinden auf dieser Welt, ist die Frage des Wie, das heißt, alles sind Formbestimmungen, also Gestaltungsphänomene.“ Das Zusammenspiel von Beuys und Bockemühl fasziniert uns. Es ist, als würden sie ohne einander fast nicht auskommen. Beuys irritiert. Bockemühl sensibilisiert die Betrachter für Kunst. Durch dieses Ineinandergreifen wird ein wachsamer und aktiver Umgang mit den Sehenden und ihrem Umfeld möglich. Gemeinsam bilden der Künstler und der Kunstwissenschaftler für uns den Inbegriff einer reflektierten, aktiven und bewussten Auseinandersetzung mit der Welt. Es wird ein Moment der Veränderung geschaffen: des Denkens, des Sehens und der Sinneswahrnehmung. Uns wurde klar: Es ist die Kunst, die bewegt und die Gesellschaft gestaltet.

Pauline Bischofsberger, Sarah Luther

JOSEPH HEINRICH BEUYS

„Durch meine Schuldgefühle habe ich angefangen, intensiv darüber nachzudenken, wie man eine Methode entwickeln kann, um Katastrophen wie den Zweiten Weltkrieg zu einer positiven menschlichen Zusammenarbeit umzuwandeln." [42]

1921
Joseph Beuys wird am 12. Mai in Krefeld als Sohn des Kaufmanns Josef Jakob Beuys und dessen Frau Johanna Maria Margarete Beuys geboren. Im selben Jahr siedelt die Familie ins nahegelegene Kleve an der niederländischen Grenze über.

1927–1940
Beuys besucht die Katholische Volksschule, anschließend das staatliche Gymnasium. Ein vielseitig ausgeprägtes Interesse zeichnet den Schüler aus, mit einer bereits großen Neigung zur Kunst. Das Gymnasium verlässt er jedoch ohne Abschluss.

1941
Beuys meldet sich freiwillig zum Kriegsdienst und verpflichtet sich für zwölf Jahre als Berufssoldat. Er wird als Bordfunker in Posen und Erfurt stationiert.

1944
Während eines Kriegseinsatzes überlebt Joseph Beuys den Absturz seines Flugzeuges und erleidet dabei schwere Verletzungen, besonders an seinem Kopf. Beuys berichtet später, dass seine Wunden mit Fett behandelt und mit Filz gewärmt wurden. Diese Geschichte wird zum Mythos und liefert eine Erklärung dafür, dass er seit je einen Hut trägt und sowohl Filz als auch Fett eine zentrale Stellung in seinem Werk einnehmen.

1945
Zum Kriegsende gerät Beuys in britische Kriegsgefangenschaft. Nach Entlassung im August kehrt er schließlich in seine Heimat nach Kleve zurück und schließt sich der Künstlergruppe des Malers Hanns Lamers an.

1946
Beuys Immatrikulation an der Staatlichen Kunstakademie Düsseldorf wird in diesem Sommer besiegelt. Er beginnt ein Studium der Monumentalbildhauerei, zunächst in der Klasse von Joseph Enseling. Nach drei Semestern wechselt er zu Ewald Mataré und bleibt für einige Zeit sein Meisterschüler.

1948
Über einen Arbeitskreis des in Düsseldorf ansässigen österreichischen Architekten, Hochschullehrers und Anthroposophen Max Benirschke (1880–1961) kommt Beuys erstmalig mit der Geisteswissenschaft Rudolf Steiners in Berührung. Steiner wird ein wichtiger Katalysator für Beuys' Streben, in der Gesellschaft für geistige Erneuerungen und humanitäre Prinzipien einzutreten.

32 | **Porträtfoto des 21-jährigen Unteroffiziers Joseph Beuys**, Königgrätz, 1942

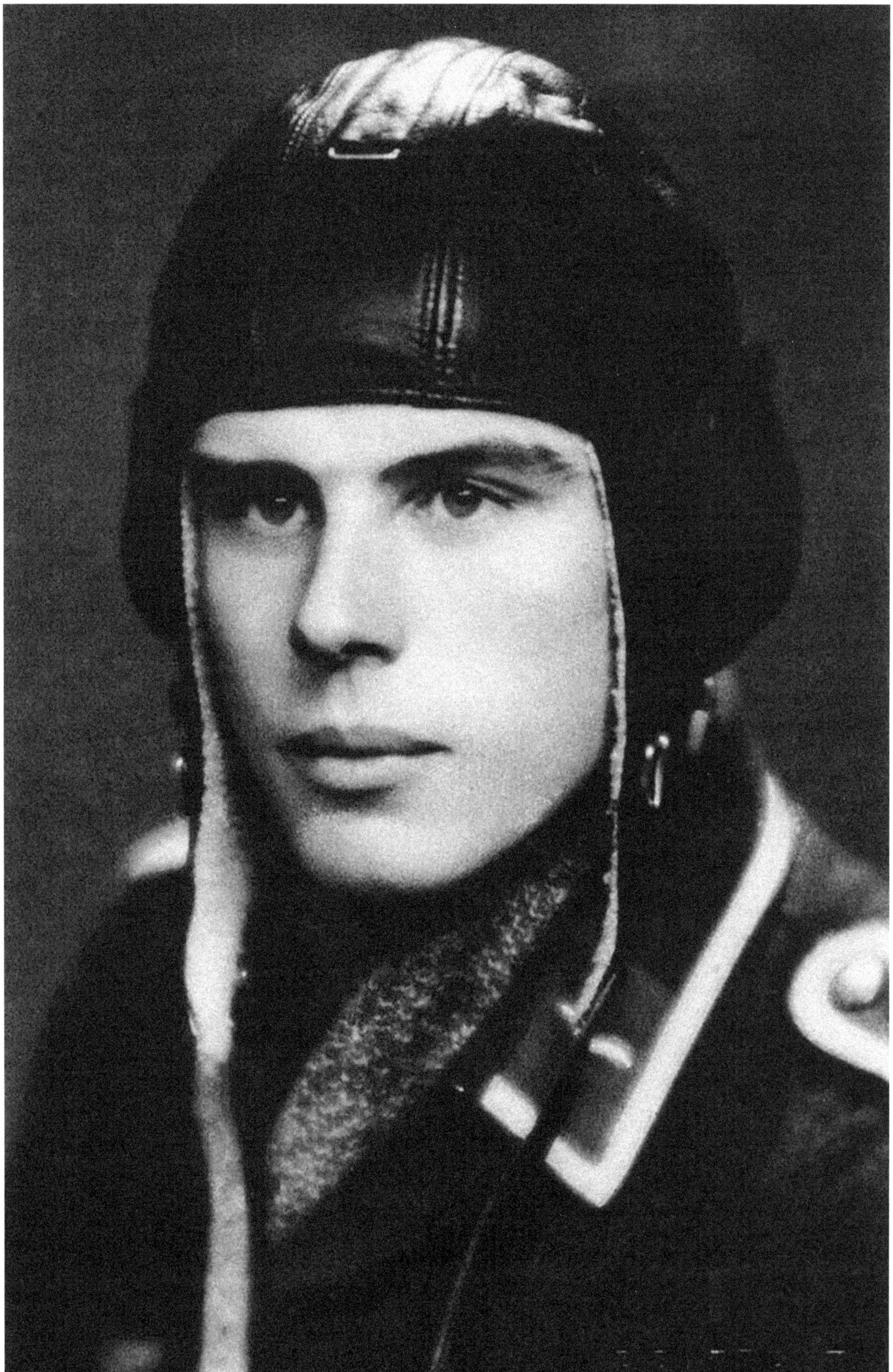

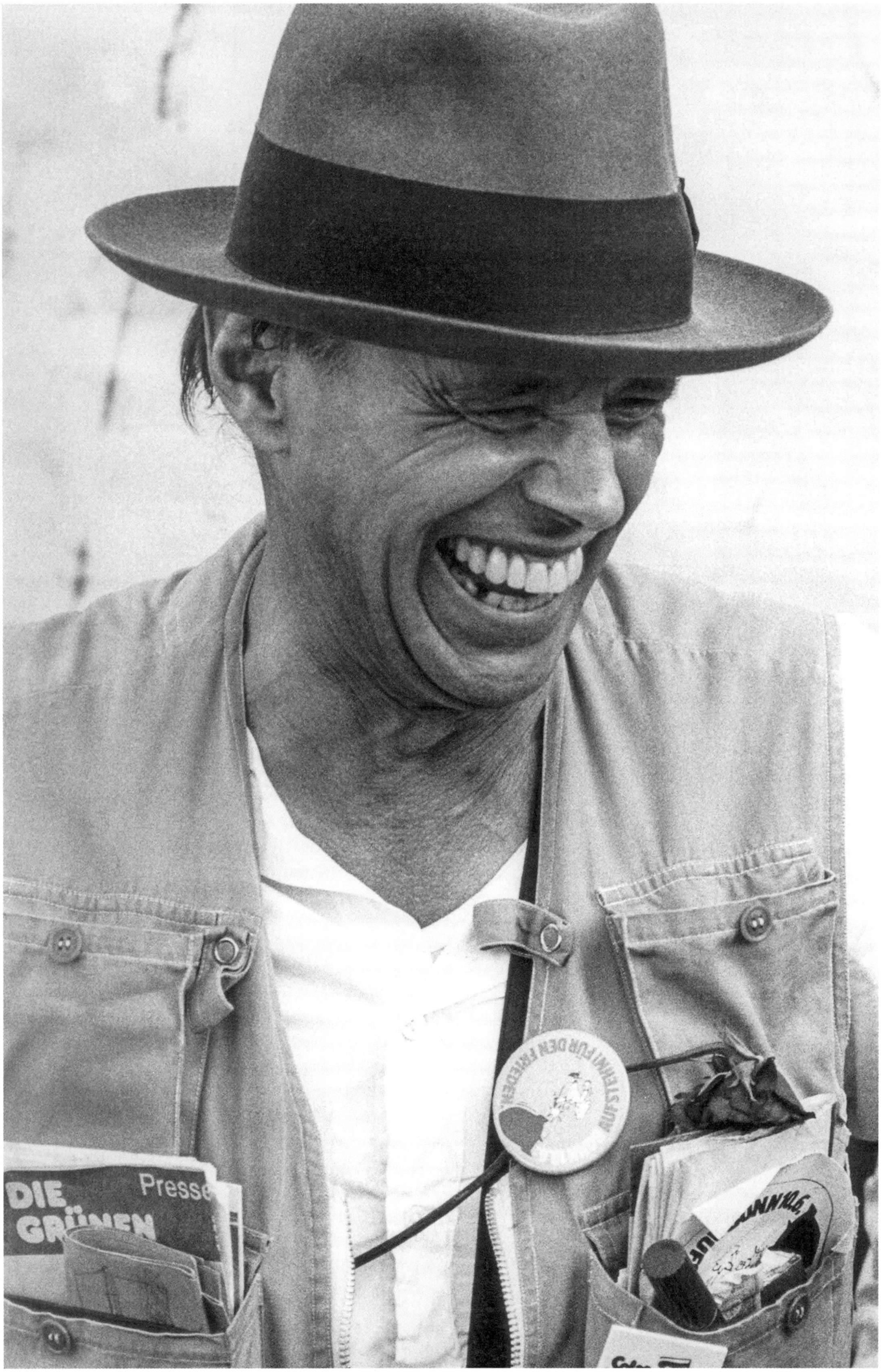
DIE GRÜNEN
Presse

Frage an Caroline Tisdall: „Was hat Sie an Joseph Beuys besonders beeindruckt?“ Antwort: „Sein Humor.“ [43]

1953
Als Meisterschüler hat Beuys erste Einzelausstellungen von Skulpturen und Zeichnungen in Kranenburg und in Wuppertal.

1955–1957
Beuys verfällt in eine Depression und durchlebt eine schwere Krise. Er hält sich für einige Monate auf dem Bauernhof der Familie van der Grinten auf, arbeitet dort als Feldarbeiter und setzt sich mit naturwissenschaftlichen Schriften und kunsthistorischen Abhandlungen auseinander. Im Zuge dessen formulierte er seine Theorie des Erweiterten Kunstbegriffs und der Sozialen Plastik.

1959
Joseph Beuys heiratet die Kunsterzieherin Eva-Maria Wurmbach. Aus der Ehe gehen die Kinder Boien Wenzel und Jessyka Beuys hervor.

1961
An der Düsseldorfer Akademie übernimmt Joseph Beuys von Josef Mages (1895 – 1977) die Professur für Bildhauerei. Er nimmt an zahlreichen Fluxus- und Happening-Veranstaltungen teil und beginnt seine Aktionskunst zu entwickeln. Dabei führte er kunstfremde Materialien wie Fett, Filz, Honig in die Kunst ein.

1964
Erstmalige Beteiligung an der *documenta* in Kassel, auf der er von da an regelmäßig mit seinen Werken vertreten ist.

1970–1971
Beuys intensiviert sowohl sein gesellschaftliches als auch sein politisches Engagement. Er gründet die *Organisation der Nichtwähler, Freie Volksabstimmung* sowie die *Organisation für direkte Demokratie durch Volksabstimmung.* Beuys ermöglicht allen Studienbewerbern, auch jenen, die abgewiesen wurden, die Teilnahme an seiner Klasse. Er besetzt mit seinen Studierenden das Sekretariat der Kunstakademie.

1972
Als Reaktion kommt es schließlich zum Eklat an der Düsseldorfer Kunstakademie, Beuys wird entlassen. Künstler wie Heinrich Böll, Peter Handke, Uwe Johnson, Martin Walser und Gerhard Richter protestieren in einem offenen Brief gegen die Entlassung.

1973
Beuys gründet zusammen mit Klaus Staek, Georg Meistermann und Willi Bongard die *Freie internationale Hochschule für Kreativität und interdisziplinäre Forschung e.V.* Er verfolgt mit seinen Kunstaktionen und Kunstwerken die Frage, wie die Kunst in der heutigen Industriegesellschaft existieren kann.

1974–1981
Beuys unternimmt viele Reisen, unter anderem in die USA, nach Australien, Japan und Italien, um seine künstlerischen Ideen, Installationen, Ausstellungen und Aktionen in die Welt zu tragen. Er setzt seinen Weg gegen alle Widerstände fort.

1982
Auf der *documenta 7* verwirklicht Beuys seine Pflanzenaktion *Stadtverwaldung statt Stadtverwaltung.* Die 7000 Eichen-Stein-Paare sind bis heute im Kassler Stadtbild präsent.

1985
Beuys erkrankt an einer Pneumonie. Nach einem Genesungsaufenthalt in Neapel hält er eine Grundsatzrede in den Münchener Kammerspielen und thematisiert dabei noch einmal seine Überzeugung, dass „jeder Mensch ein Künstler“ sei.

1986
Am 23. Januar stirbt der Künstler Joseph Beuys im Alter von 64 Jahren in seinem Atelier aufgrund der Entzündung seines Lungengewebes an Herzversagen.

33 I **Joseph Beuys am Rande der Friedensdemonstration im Bonner Hofgarten**, 10. Juni 1982, Foto: Kollektion Guenay Ulutuncok

„Die Kunst ist (…) die einzige evolutionäre Kraft. Das heißt, nur aus der Kreativität des Menschen heraus können sich die Verhältnisse ändern. Und ich glaube, viele Menschen spüren, dass das Menschliche, also dieser menschliche Punkt, in der Kunst am meisten weiterentwickelt werden kann."[44]

Joseph Beuys

34 | **Porträtfoto des Aktionskünstlers,**
Foto: Richard Schulze-Vorberg, o. Datum

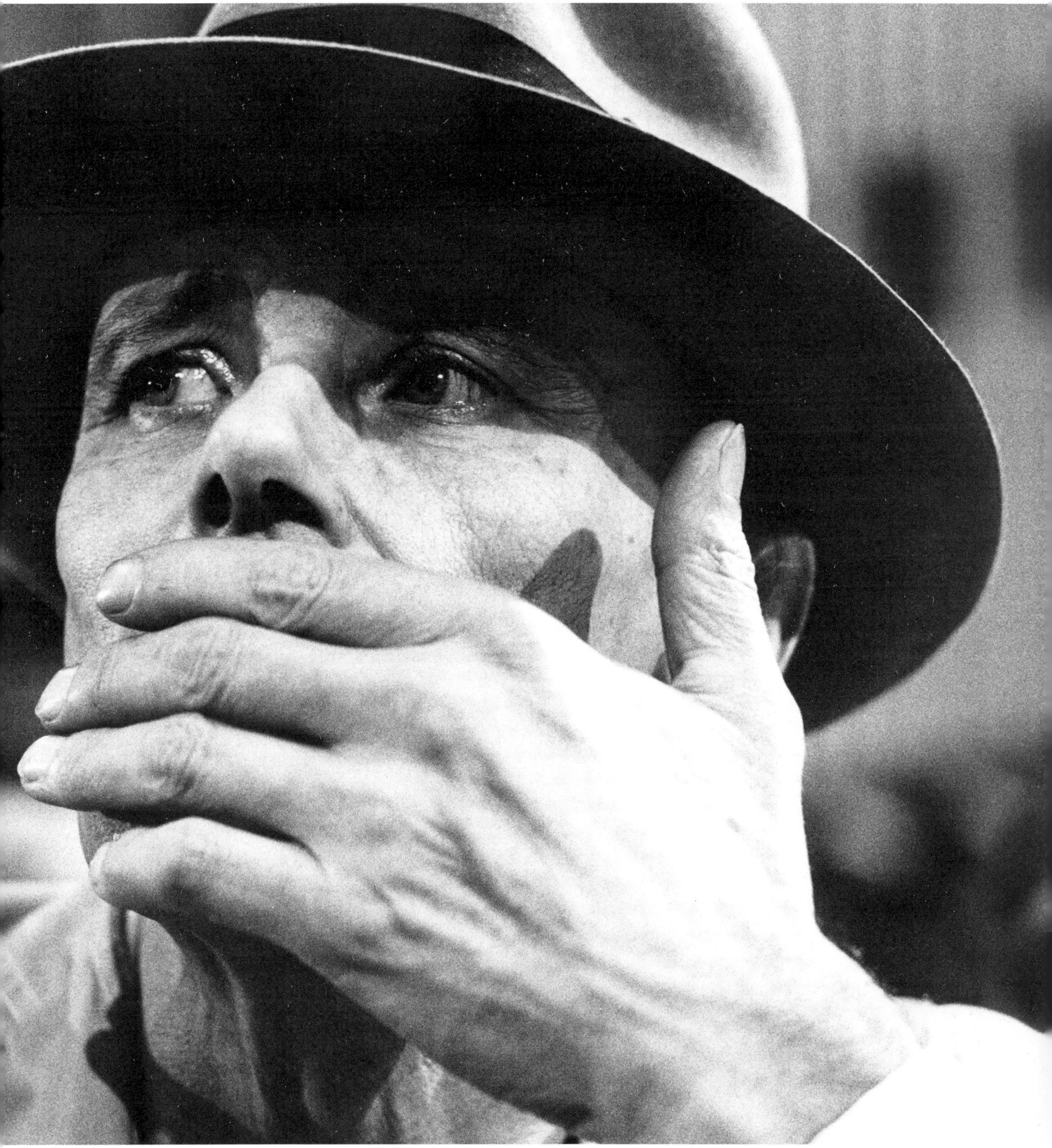

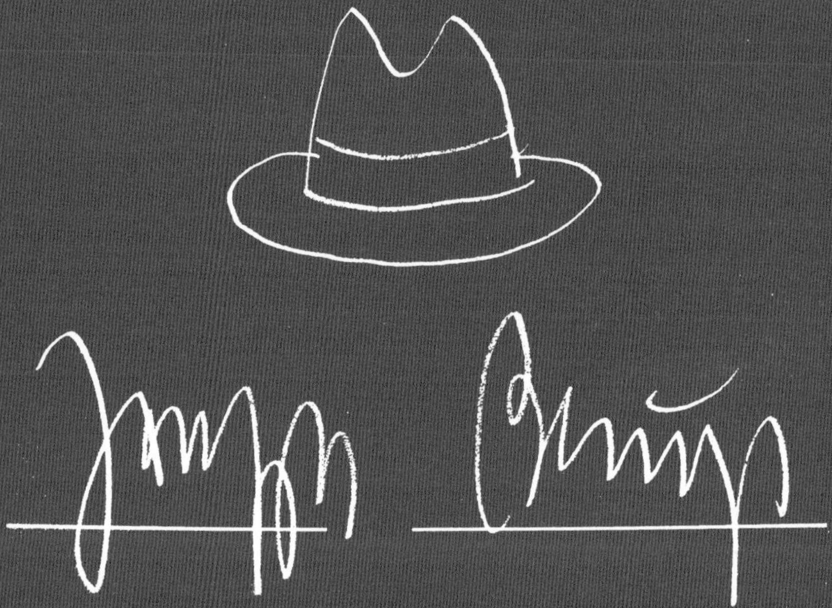

ANMERKUNGEN

1 „Jeder Mensch ist ein Künstler. Damit sage ich nichts über die Qualität. Ich sage nur etwas über die prinzipielle Möglichkeit, die in jedem Menschen vorliegt (...). Das Schöpferische erkläre ich als das Künstlerische, und das ist mein Kunstbegriff." J. Beuys, *Jeder Mensch ein Künstler – Auf dem Weg zur Freiheitsgestalt des sozialen Organismus,* Vortrag in Achberg am 23.03.1978, FIU-Verlag, Wangen Allgäu Deutschland 2009 (3 CDs).

2 Vgl. J. Beuys im Gespräch mit Walter Smerling und Knut Fischer, Januar 1985, vgl.: www.youtube.com/watch?v=sQsdNN5IHO8 (zuletzt abgerufen am 01.02.2021).

3 Der Satz „Wer nicht denken will fliegt raus" entstand 1977 nach einem anstrengenden Seminartag auf der documenta 6 in Kassel. Klaus Staeck reichte Beuys eine gelbe Karteikarte mit der Aufforderung, den Satz aufzuschreiben. Aus dieser Karteikarte entstand ein Multiple der Edition Staeck in einer Auflagenhöhe von 30 Stück, sowie im selben Jahr eine identische Postkarte. Vgl. J. Beuys, *Multiplikationen, Druckgraphik und Serienobjekte aus der Sammlung van der Grinten*, Joseph-Beuys-Archiv des Landes Nordrhein-Westfalen, Kranenburg 1992, S. 67.

4 Weiter heißt es: „Also ist angesprochen der kreative Mensch: seine Kreativität, seine Freiheit, seine Autonomie. Und das ist nur noch möglich aus dem Kunstbegriff – allerdings muss man ihn dann erweitern. Man kann und darf ihn nicht so traditionell halten und sagen: Das machen die Künstler, und das machen die Ingenieure. Das kann man aber durchbrechen. Und einen Ausweg gibt es allein durch einen erweiterten Kunstbegriff, der anthropologisch ist, der wirklich ernst nimmt – dass jeder Mensch ein Künstler ist, dass in jedem Menschen ein kreativer Kern ist." J. Beuys, in: Joseph Beuys, Michael Ende: *Kunst und Politik. Ein Gespräch,* Dokumentation vom 8. und 9. Februar 1985 an der Freien Volkshochschule Argental mit einer Vorbemerkung von Rainer Rappmann, FIU-Verlag Wangen 1989, S. 23. Im Folgenden „Kunst und Politik" genannt.

5 J. Beuys, *Sprechen über Deutschland*, am 20. November 1985 in den Münchner Kammerspielen gehaltene Rede, FIU Verlag, Wangen 2002. Im Folgenden „Sprechen über Deutschland" genannt.

6 J. Beuys, in: Volker Harlan, Rainer Rappmann, Peter Schata, *Soziale Plastik. Materialien zu Joseph Beuys*, Achberger Verlag 1984, S. 97. Im Folgenden „Soziale Plastik" genannt.

7 Vgl. Aktion anlässlich der J. Beuys Ausstellung *Zeige Deine Wunde* im Münchner Kunstforum 1976, Donnerstag, 4. März 1976, ca. 14 Uhr, Münchner Kunstforum (Fußgängerunterführung Maximillianstrasse/ Altstadtring).

8 J. Beuys, zit. n. Rainer Rappmann, *An der Schwelle zum erweiterten Kunstbegriff*, in: Flensburger Hefte, Sonderheft Nr. 7, Flensburg 1990, S. 162.

9 J. Beuys, in: Antje Oltmann, *Der Weltstoff letztendlich ist ... neu zu bilden. Joseph Beuys für und wider die Moderne*, Edition Tertium, Ostfildern 1994, S. 16. Im Gespräch mit dem Jesuitenpater Friedhelm Mennekes erläutert er: „Also ich verlagere das Bild schon an seine Ursprungsstätte. Ich gehe zurück auf den Satz: „Am Anfang war das Wort. Das Wort ist eine Gestalt. Das ist das Evolutionsprinzip schlechthin."
J. Beuys, in: Hans Josef van der Grinten (Hg.), *Menschenbild – Christusbild. Auseinandersetzung mit einem Thema der Gegenwartskunst*, Katholisches Bibelwerk, Stuttgart 1984, S. 116.

10 Die FIU wurde am 27. April 1973 im Düsseldorfer Atelier von J. Beuys gemeinsam mit Klaus Staeck, Georg Meistermann und Willi Bongard gegründet mit dem Ziel, als „organisatorischer Ort des Forschens, Arbeitens und Kommunizierens" die Fragen einer sozialen Zukunft zu durchdenken und als freie Hochschule das Schul- und Bildungssystem zu ergänzen sowie eine rechtliche Gleichstellung mit anderen Hochschulen anzustreben. Sie bestand als gemeinnützig anerkannter, eingetragener Verein zwei Jahre über den Tod des Künstlers hinaus bis zu ihrer Auflösung im Jahr 1988. Vgl. www.dreigliederung.org/archiv/1978-12-001.html (zuletzt abgerufen am 01.02.2021).

11 Vgl. *Das sichtbare Unsichtbare, Bericht über die Vorlesung zu Joseph Beuys*, Sendung vom 17.11.1994, WDR Fernsehen. In einem anderen Beitrag mit dem Titel: *Der Wittener Professor und die Kunst* wurde das große Interesse und der enorme Andrang mit den Worten umschrieben: „Ein Professor der privaten Universität Witten/Herdecke reißt mit seinen Ansichten die Massen in seinen Bann!" Vgl. Sendung vom 19.05.1993 im WDR Fernsehen.

12 Jana Eckey, Studentin der Philosophie und Kulturreflexion.

13 Im Gespräch mit David Hornemann v. Laer betonte Michael Bockemühl, dass dieser Vortragszyklus sein eigentliches Hauptwerk sei. Er habe nur noch keine Form gefunden, wie man solche Vorlesungen, die die Kunst möglichst für alle zugänglich machen möchten – unabhängig von Vorkenntnissen, Bildungsstand und Alter – adäquat veröffentlichen könne.

14 J. Beuys im SPIEGEL-Interview mit Peter Brügge am 4. Juni 1984, vgl. www.spiegel.de/spiegel/print/d-13508033.html (zuletzt abgerufen am 01.02.2021).

15 Ephraim Kishon, *Picassos süße Rache. Neue Streifzüge durch die moderne Kunst*, Verlag Langen Müller, München und Berlin 1995, S. 108.

16 Michael Bockemühl, *Die Wirklichkeit des Bildes*, Urachhaus Verlag Stuttgart 1985, S. 180.

17 Das Interview erschien 1980 in der Mai-Ausgabe des Männermagazins „Penthouse" Vgl. www.andremuller.com-puter.com/ (zuletzt abgerufen am 01.02.2021).

18 Solomon R. Guggenheim Museum, New York, *Joseph Beuys, Retrospektive*, 2.11.1979 – 2.1.1980.

19 Siehe Fußnote 1.

20 In einem Brief an den Anthroposophen Manfred Schradi vom 21.10.1971 schreibt J. Beuys: „(...) Ihre Worte haben mich tief berührt, weil sie mir damit den Namen Rudolf Steiners zuriefen, über den ich seit meiner Kindheit immer wieder nachdenken muss, weil wie ich weiß gerade von ihm ein Auftrag an mich erging, *auf meine Weise* den Menschen die Entfremdung und das Misstrauen gegenüber dem Übersinnlichen nach und nach wegzuräumen. Die große Leistung Steiners ist es gewesen gar nichts ‚erfunden' zu haben, sondern (*nur!*) aus der unendlich gesteigerten Wahrnehmung heraus vorgetragen zu haben was des Menschen höhere Sehnsucht *ist*, wenn er es auch *noch nicht* weiß. Behutsamkeit, Indirektheit, Unmerklichkeit, auch oft ‚Antitechniken' sind meine Möglichkeiten. Nicht ein Überfluten mit ‚anthroposophischem Museum'." In: Dieter *Koepplin, Fluxus, Bewegung im Sinne von Joseph Beuys*. In: *J. Beuys, Plastische Bilder 1947 – 1970*, Katalog zur Ausstellung in der Galerie der Stadt Kornwestheim 07.10.1990 – 06.01.1991, Hatje Canz, Stuttgart 1990, S. 31, Anm. 23.

21 „Immer wenn Menschen zusammenkommen, (...) da kommt man ja ins Sprechen, und das finde ich wirklich das Allerwertvollste an der Kunst." J. Beuys im Gespräch mit Michael Ende, in: Kunst und Politik, S. 62. Auf der documenta 5 fragte Beuys ein Besucher: „‚Darf ich noch weiter fragen?' Beuys: ‚Sicher. Unendlich. Das Gespräch geht durch das ganze Leben weiter. Sie können unendlich weiter fragen.'" J. Beuys in: *Jeder Mensch ein Künstler*, S. 94.

22 Volker Harlan, 1938 in Dresden geboren, studierte Theologie, Biologie, Malerei und Kunstgeschichte. Einen Namen machte er sich mit Publikationen in botanischer Morphologie und Kunstgeschichte, besonders zu Paul Klee, Ninetta Sombart und Joseph Beuys.

23 Vgl. Volker Harlan: *Was ist Kunst? Werkstattgespräch mit Beuys*, Urachhaus Verlag, Stuttgart 1986, S. 52 ff. Im Folgenden „Was ist Kunst?" genannt.

24 J. Beuys, in: Christel Sauer (Hg.): *Joseph Beuys und das Kapital: vier Vorträge zum Verständnis von Joseph Beuys und seiner Rauminstallation Das Kapital, Raum 1970–77*, ergänzt durch Erläuterungen von Joseph Beuys und seinen Aufruf zur Alternative, Verlag Schaffhausen, Hallen für Neue Kunst, 1988, S. 119.

25 J. Beuys, in: *Kunst und Politik*, S. 66.

26 J. Beuys, in: *Soziale Plastik*, S. 79.

27 J. Beuys, in: *Was ist Kunst?*, S. 23.

28 J. Beuys, Wilfried Heidt, *Aufruf zur Alternative* (an alle Menschen des europäischen Kultur- und Zivilisationskreises), 23.12.1978, vgl. www.sozialimpuls.info/assets/pdf/Beuys-Aufruf-1978.pdf (zuletzt abgerufen am 01.02.2021).

29 J. Beuys, in: *Wenn sich keiner meldet, zeichne ich nicht*, in: *J. Beuys, Zeichnungen*, Ausst.Kat. Museum Boymans Van Beuningen, Rotterdam, Nationalgalerie Berlin, Staatliche Museen Preussischer Kulturbesitz, Kunsthalle Bielefeld und Wissenschaftszentrum Bonn, 1980, S. 31.

30 Am 30. Juni 1982 fand die von J. Beuys zur Eröffnung der documenta 7 angekündigte Schmelzung der Kopie der Zarenkrone Iwans des Schrecklichen statt. Das Einmachglas, in welchem das Gold der Zarenkrone gesammelt wurde, hatte die Aufschrift: „Es kommt alles auf den Wärmecharakter im Denken an. Das ist die neue Qualität des Willens." Vgl. Johannes Stüttgen, in: www.7000eichen.de/index.php?id=28 (zuletzt abgerufen am 01.02.2021).

31 J. Beuys, in: Rainer Rappmann, *An der Schwelle zum erweiterten Kunstbegriff*, in: Flensburger Hefte, Sonderheft Nr. 7, Flensburg 1990, S. 162.

32 Vgl. Jürgen Hohmeyer, *Schreck im Innenraum, Ein Ofenloch von Joseph Beuys – sein Beitrag zum Ausstellungsthema „Schwarz"*, in: DER SPIEGEL 44/1981, www.spiegel.de/spiegel/print/d-14341964.html (zuletzt abgerufen am 01.02.2021).

33 J. Beuys, in: Carin Kuoni, *Energy Plan for the Western Man: Joseph Beuys in America, Four Walls Eight Windows*, NYC, 1990, S. 141 ff.

34 Die Aktion fand anlässlich der Eröffnung der Galerie René Block im Künstlerviertel Soho am West Broadway 409 in Manhattan vom 21. – 25. Mai 1974 statt.

35 Ausschnitte von der Aktion wurden von Herbert Wietz auch auf 16mm Film aufgezeichnet. Den in Farbe gedrehten Film ließ Beuys in Schwarzweiß umkopieren, nicht nur, um ihm eine stärkere plastische Gestalt zu verleihen, „sondern um vor allem die spirituelle Seite der Aktion zu betonen." J. Beuys, in: Pamela Kort/ Max Hollein (Hrsg.): *I like America. Fiktionen des Wilden Westens*. Schirn Kunsthalle Frankfurt, Prestel, München/ Berlin/ London/ New York 2006, S. 359. Der Film wurde digitalisiert und auf Youtube hochgeladen: https://www.youtube.com/watch?v=xZH8yGVA7iY (zuletzt abgerufen am 01.02.2021).

36 J. Beuys in einem Gespräch mit Friedhelm Mennekes am 30. März 1984, in: Friedhelm Mennekes, *Beuys zu Christus /Beuys on Christ. Eine Position im Gespräch / A Position in Dialogue*, Verlag Katholisches Bibelwerk, Stuttgart, 4. Aufl.1996, S. 59.

37 J. Beuys, *Das Geheimnis der Knospe zarter Hülle. Texte 1941–1986*, hrsg. von Eva Beuys. Verlag Schirmer/Mosel, München 2000, S. 153.

38 J. Beuys, in: Detlef Bluemler, Lothar Romain (Hrsg.), *Künstler, kritisches Lexikon der Gegenwartskunst*, WB Verlag, München 1988, S. 2.

39 In der sogenannten Ruinenromantik bezeichnen Trümmer den Sehnsuchtsort zwischen Kultur und Natur. Sie sind steinerne Zeugen der Vergangenheit ebenso wie Ausdruck der Naturkräfte und Boten eines Zukünftigen.

40 J. Beuys in seinem letzten Interview mit dem Journalisten Michele Bonuomo im Dezember 1985, in: Heiner Stachelhaus: *Joseph Beuys. Jeder Mensch ist ein Künstler*, Heyne Verlag, 2. Aufl. München 1994, S. 202. Weiter heißt es: „Ich wollte zwei in meinem Werk stets gegenwärtige Elemente hervorheben, von denen ich glaube, dass sie in jeder Handlung des Menschen enthalten sein sollten, sowohl das Feierliche der Selbstbestimmung des eigenen Lebens und der eigenen Gesten als auch die Bescheidenheit unserer Handlungen und unserer Arbeit in jedem Augenblick." Ebd.

41 J. Beuys im Gespräch mit K. Fischer und W. Smerling, siehe Fußnote 2.

42 J. Beuys in einer öffentlichen Diskussion mit Peter Struycken im Museum Boijmans Van Beuningen am 16.4.1980 zit. n. Jelle van der Meulen, *Mittendrin. Anthroposophie hier und jetzt*, Verlag Urachhaus, Stuttgart 1997, S. 200. Nach diesem Bekenntnis habe er, so van der Meulen, die Fliegerweste und die Knobelbecher begriffen: „Joseph Beuys will seine Vergangenheit nicht verleugnen. Er legt Wert darauf, jener Soldat zu bleiben, der von der Front zurückkehrt und (...) sich weigert, den adretten Anzug anzuziehen." Wie van der Meulen weiter berichtet, sei an der Gedenkfeier in Amsterdam einen Tag nach dem Tod des Künstlers eine Frau aufgestanden und habe gesagt: „Ich will Joseph Beuys im Namen meiner Generation dafür danken, dass er immer wieder von seiner Rolle im Zweiten Weltkrieg gesprochen hat. Mein eigener Vater hat sich nie getraut zu sagen: Auch ich war verantwortlich (...). Beuys aber hat das getan, und das hat meiner Generation Hoffnung gegeben. Er hat bewiesen, dass Menschen Mut haben können, selber verantwortlich zu sein für die Dinge, die sie getan haben." S. 201.

43 Antwort von Caroline Tisdall am 25.11.2020 in einem Telefonat mit D. Hornemann v. Laer. Die für *The Guardian* tätige Kunstkritikerin Tisdall lernte Beuys in der Richard De Marco Galerie am Rande von Edinburgh kennen und wurde seine Mitarbeiterin und Reisebegleiterin. Von ihr stammen zahlreiche Fotografien von Beuys und seinen Aktionen (siehe S. 61 ff.).

44 J. Beuys, in: Götz Adriani / Winfried Konnertz / Karin Thomas, *Joseph Beuys. Leben und Werk*, Köln 1973, S. 16.

VERZEICHNIS DER WERKE UND BILDNACHWEISE

Signatur von Joseph Beuys, S. 15 (Hut), S. 86 (Hut mit Unterschrift), siehe: www.wikipedia.org/wiki/Datei:Joseph_beuys_signature.jpg (zuletzt abgerufen am 1.2.2021), S. 6.

1 I Joseph Beuys, **La rivoluzione siamo Noi**, Covertitel, MADE IN n. 5 - December 1971, Modern Art Agency, 1971, Foto: Giancarlo Pancaldi, © VG Bild-Kunst Bonn 2021, S. 11.

2 I Michael Bockemühl, **Fettecken-Aktion** im Seminar zu J. Beuys plastischer Theorie und F. Schillers Ästhetik, Fotografien: Anke Loewensprung, Januar 2009, S. 16.

3 I Joseph Beuys, **Honigpumpe am Arbeitsplatz**, 1977, Foto: Dieter Schwerdtle, © documenta Archiv © Estate of Joseph Beuys / VG Bild-Kunst, Bonn 2021, S. 19.

4 I Joseph Beuys, **Honigpumpe am Arbeitsplatz**, 1977, documenta 6, Kassel, © documenta archiv / Foto: Dieter Schwerdtle, S. 20.

5 I Joseph Beuys, **Erdtelefon**, Foto: Roger Garfield/Alamy Live News, 17. April 2018, © mauritius images / Roger Garfield / Alamy, © VG Bild-Kunst Bonn 2021, S. 22–23.

6 I Joseph Beuys, **ohne Titel**, 1951, Eisenoxid, Feder, Pinsel, Karton, 21x29,7 cm, Privatbesitz, © VG Bild-Kunst Bonn 2021, S. 24–27, 29.

7 I Joseph Beuys, **Herbstzeitlose**, 1950, Wasserfarbe auf starkem grauen Karton, 21 x 29,7cm, Privatsammlung, © VG Bild-Kunst Bonn 2021, S. 30–31.

8 I Joseph Beuys, **Hirsch**, 1957, Eisenchlorid, Bleistift auf weißem Papier, 37,7 x 39,8 cm, Kupferstichkabinett, Sammlung Marx, Kat. 197, Staatliche Museen zu Berlin, © bpk / Kupferstichkabinett, SMB, Sammlung Marx / Thomas Bruns, © VG Bild-Kunst Bonn 2021, S. 32–33.

9 I Joseph Beuys, **ohne Titel**, 1969, Montage, Goldbronze, Ölfarbe, Bleistift, weißes Schreibpapier (Briefumschlag), leichter hellgelber Zeichenkarton, schmaler Einriss am unteren Rand, obere Ecken ausgerissen, 61 x 43,1 cm, aus: The Secret Block for a Secret Person in Ireland, Hamburger Bahnhof, Berlin, © bpk / Nationalgalerie im Hamburger Bahnhof, SMB / Dietmar Katz, © VG Bild-Kunst Bonn 2021, S. 35.

10 I Joseph Beuys, **Hirschführer**, 1948, Bleistift, leichter weißer Blütenkarton mit Gebrauchsspuren, Zeichnung, 21,5 x 32,7 cm, Hamburger Bahnhof, Berlin, © VG Bild-Kunst Bonn 2021, S. 37.

11 I Joseph Beuys, **Tafelzeichnung**, 1983, Schwarz gestrichene Tischlerplatte, Schulkreide 1,22 x 145 x 2 cm, Kunstpalast, Düsseldorf, © Kunstpalast – ARTOTHEK, © VG Bild-Kunst Bonn 2021, S. 38–39.

12 I Joseph Beuys, **Partitur für Dieter Koepplin (Diagramm Plastische Theorie)**, 1969, Privatbesitz München, © VG Bild-Kunst Bonn 2021, S. 40–41.

13 I Joseph Beuys, **Demokratie ist lustig**, 1973, Siebdruck auf Karton mit handschriftlichem Text, 75 x 114 cm, Kunstpalast Düsseldorf, © Kunstpalast – ARTOTHEK, © VG Bild-Kunst Bonn 2021, S. 43.

14 I Joseph Beuys, **ohne Titel**, 1962, Ölfarbe, leichtes chamoisfarbenes Zeichenpapier, 30,7 x 70,9 cm, aus: The Secret Block for a Secret Person in Ireland, Hamburger Bahnhof, Berlin, © bpk / Nationalgalerie im Hamburger Bahnhof, SMB / Dietmar Katz, © VG Bild-Kunst Bonn 2021, S. 44–45.

15 I Joseph Beuys, **Erdung**, 1964, Ölfarbe (Braunkreuz), dünnes Zinkblech, isolierter Kupferdraht, 35,7 x 70,1, Sammlung Bastian, Berlin, © VG Bild-Kunst Bonn 2021, S. 46–47.

16 I Joseph Beuys, **Erdtelefon**, 1968, Telefon, Erdklumpen, Holzplatte, 20 x 47 x 76 cm, Hamburger Kunsthalle (Leihgabe), © Bridgeman Images, © VG Bild-Kunst Bonn 2021, S. 22–23, 48–49.

17 I Joseph Beuys, **Dumme Kiste**, 1982, Kupfer und Filz, 47 x 108 x 63 cm, Tate / National Galleries of Scotland, © ARTIST ROOMS National Galleries of Scotland and Tate 2008, © VG Bild-Kunst Bonn 2021, S. 50–51.

18 I **Betrachterin vor Beuys Filzanzug im Hamburger Bahnhof in Berlin**, 12.6.2019, © mauritius images / Iain Masterton / Alamy, © VG Bild-Kunst Bonn 2021, S. 52.

19 I Joseph Beuys, **Filzanzug** (Ausschnitt), 1970, Filz als Anzug geschnitten u. genäht, Aufnahme aus der Ausstellung „Hirschdenkmäler" in London am 17. April 2018, © mauritius images / Roger Garfield / Alamy, © VG Bild-Kunst Bonn 2021, S. 53.

20 I Joseph Beuys, **Fettecke in Kartonschachtel**, 1963, Stedelijk Museum Amsterdam, © Collection Stedelijk Museum Amsterdam, © VG Bild-Kunst Bonn 2021, S. 54–55.

21 I Joseph Beuys, **„7000 Eichen", Pflanzaktion mit den ersten sieben Eichen am Pferdemarkt**, Foto: Ute Klophaus, Kassel, 16. März 1982, © bpk / Ute Klophaus/VG Bild-Kunst Bonn 2021, S. 57.

22 I Joseph Beuys, **Ofenrohr**, Städtische Kunsthalle Düsseldorf, Foto: Ulrich Baatz, 1981, in: *Joseph Beuys-Tagung*, hrsg. von Volker Harlan et. al., Wiese Verlag Basel 1991, Abb. 30, S. 59.

23 I Joseph Beuys, **Coyote (I like America and America likes me)**, 1974, Fotoserie, © Caroline Tisdall, S. 61–63.

24 I **Joseph Beuys pflanzt den ersten Baum der Aktion „7000 Eichen" am Rand des Friedrichsplatzes vor dem Museum Fridericianum**, 16. März 1982, © documenta archiv / Foto: Dieter Schwerdtle, S. 65.

25 I Joseph Beuys vor den Basaltsteinen für seine Aktion **„7000 Eichen"**, Juni 1982, Kollektion Niklaus Stauss, © akg-images / Niklaus Stauss, © VG Bild-Kunst Bonn 2021, S. 66–67.

26 I Joseph Beuys, **Hirschdenkmäler**, Aufbau im Lichthof des Martin-Gropius-Baues in Berlin für die Ausstellung *Zeitgeist*, 1982, Foto: Barbara Klemm, © Städel Museum, Frankfurt am Main - ARTOTHEK, mit freundlicher Genehmigung von Barbara Klemm, S. 69.

27 I Joseph Beuys, **Straßenbahnhaltestelle**, Biennale Venedig 1976, Foto: Barbara Klemm, © Städel Museum, Frankfurt am Main – ARTOTHEK, mit freundlicher Genehmigung von Barbara Klemm, S. 70.

28 I Joseph Beuys, **Straßenbahnhaltestelle**, Kurhaus Museum in Kleve, 28. 4. 2016, Foto: Roland Weihrauch/dpa, © picture alliance / dpa / Roland Weihrauch, S. 71.

29 I Joseph Beuys, **Das Ende des 20. Jahrhunderts**, 1983, Pinakothek der Moderne, München, © mauritius images / Azoor Photo Collection / Alamy, © VG Bild-Kunst Bonn 2021, S. 72–73.

30 I Joseph Beuys, **Palazzo Regale**, 1985, 2 Vitrinen, je 197,5 × 227,5 × 80 cm, bestückt mit verschiedenen Objekten, sieben Messingtafeln, je 200 × 100 cm, mit Firnis und Goldstaub überzogen, Düsseldorf, Kunstsammlung Nordrhein-Westfalen, © akg-images, © VG Bild-Kunst Bonn 2021, S. 74–75.

31 I Joseph Beuys, **Palazzo Regale**, 1985, Vitrine 1: Kopf (Eisenguss), Mantel aus Luchsfell, 2: Becken, Muschel Vitrine (Messing und Glas), 196 x 228 × 80,5 cm, Kunstsammlung Nordrhein-Westfalen, Nachlass Joseph Beuys, © akg-images, © VG Bild-Kunst Bonn 2021, S. 77.

32 I **Porträtfoto des 21 jährigen Unteroffiziers Joseph Beuys**, Königgrätz, 1942, in: E. Blum, C. Nichols (Hrsg.), *Beuys. Die Revolution sind wir*, Katalog Berlin 2008, S. 81.

33 I **Porträtfoto von Joseph Beuys am Rande der Friedensdemonstration im Bonner Hofgarten,** 10.06.1982, Kollektion Guenay Ulutuncok, © akg-images / Guenay Ulutuncok, S. 82.

34 I **Porträtfoto des Aktionskünstlers**, Aufnahmedatum unbekannt, © Deutsches Historisches Museum; Inventarnr. Ph 2000/5, Fotograf: Richard Schulze-Vorberg, © Bundesregierung / Richard Schulze-Vorberg, S. 84–85.

DANK

Dass diese vor über 25 Jahren begonnene und glücklicherweise auf Tonband aufgezeichnete Vortragsreihe nun endlich in Buchform erscheinen kann, verdankt sich der Mitarbeit vieler Menschen.

Die Aufzeichnungen auf den Tonbändern wurden von Sandra Schwarz verschriftlicht. Natalie Rehm brachte die Texte in eine erste Form und suchte die Dias zu den Vorträgen zusammen. Schließlich gab es zahlreiche Studierende, die sich seit 2014 im Rahmen von Seminaren, die von David Hornemann v. Laer geleitet wurden, in unterschiedlicher Besetzung um eine vorsichtige Überarbeitung der Vorträge kümmerten, welche den Stil der frei gehaltenen Vorträge beibehielt und sie gleichwohl auch lesbar machten.

An dem Zustandekommen dieses Projekts waren bisher beteiligt:
Tanja Adam-Heusler, Meike Adden, Joseph Bailey, Elena Ball, Luise Baumeister-Lingens, Lea Bengel, Franziska Behrens, Laura Bickel, Malte Bischoff, Pauline Bischofsberger, Geraint Black, Leandra Börner-Valdez, Antonia Bonn, Malte Braun, Demian Buchner, Elisabeth Capellmann, Eda Ciftci, Julius Daniel, Anna Deffner, Philipp Doose, Jana Eckey, Lara-Luna Ehrenschneider, Manischa Eichwalder, Noa Fischer, Isabel Gadea, Caroline Geck, Max Geuer, Paul Geilenberg, Andreas Grießer, Isabel Gudd, Julia Hansel, Antonia Heinrich, Ronja Hellebrandt, Hannah Heukeroth, Börries Hornemann, Gabriel Hornemann, Laura Jacobson, Sinja Jessberger, Florian Kämpf, Jannis Keuerleber, Jennifer Klack, Jakob Kraul, Jonas Klingberg, Mathilda Knoblauch, Anna Ko, Daniel Kohler, Julian Kramp, Andrea Kreisel, Johanna Lamprecht, Melanie Laskowski, Clara Laufenberg, Dominik Lauinger, Vittoria Lenz, Valerie Liebers, Katharina Lilienthal, Rose Link, Anke Loewensprung, Luca Löhr, Foo Low, Sarah Luther, Patrizia Marioli, Laura Marschallek, Miranda Kiefer, Helias Mackay, Nura Mahmalat, Johanna Mayrshofer, Nikolas Middelmann, Tobias Möller-Hahlbrock, Werner Mosetter, Lorenz Mrohs, Julia Muhsal, Matthias Niedermann, Deborah Oppermann, Martin Pawelkiwitz, Christian Petersen, Laurenz Pfaff, Matthias Pfrogner, Anselm Prechtl, Constantin Reuter, Joyce Rieck, David Richardoz, Lydia Roknic, Carla Scherf, Paul Schönenberg, Felix Schramm, Verena Schusser, Josephine Schütt, Melina Schwab, Amelie Scupin, Inga Seefeld, Flora Seibel, Laura Sieber, Sarah Sock, Reinhold Spratte, Carlotta Süring, Rahel Steffen, Rachel Steinmetz, Matthias Tamm, Carla Tenthoff, Christine Teuchert, Olaf Tittel, Philine Töpper, Friedemann Uhl, Richard Ulrich, Nikolas von Kameke, Pauline Warneboldt, Anna-Lena Weidemann, Christiane Weinberg, Shaya Werner, Clara Wicharz, Kai Witthinrich, Jette Wolf, Klara Zepp, Mara Zöller.

Die Buchreihe verdankt ihre das Kunstwerk ins Zentrum rückende Gestaltung dem Grafiker Frank Schubert. Birgit Bockemühl und Anke Loewensprung standen uns mit Rat und Tat zur Seite und waren insbesondere bei der Klärung schwieriger Textstellen und deren Umformulierung eine unschätzbare Hilfe.

Silke Kirch sei Dank für ihre vielen hilfreichen Anmerkungen, die zu einer wesentlichen Verbesserung des Textes geführt haben, sowie ihr aufmerksames Lektorat und Christoph Steinrücken für das umsichtige Marketing. Nicht zuletzt sei den Verlagsleitern Jens Heisterkamp und Ramon Brüll für ihre Unterstützung und ihren Glauben an dieses herausfordernde Projekt gedankt.

Zudem danken wir den im Folgenden genannten Förderern, die uns unterstützt und die Drucklegung dieses Bandes möglich gemacht haben.

wittener universitätsgesellschaft

IBAM
Integriertes Begleitstudium
Anthroposophische Medizin
Universität Witten/Herdecke

witthinrich

fiu-verlag
www.fiu-verlag.com

KUNST SEHEN Die Edition

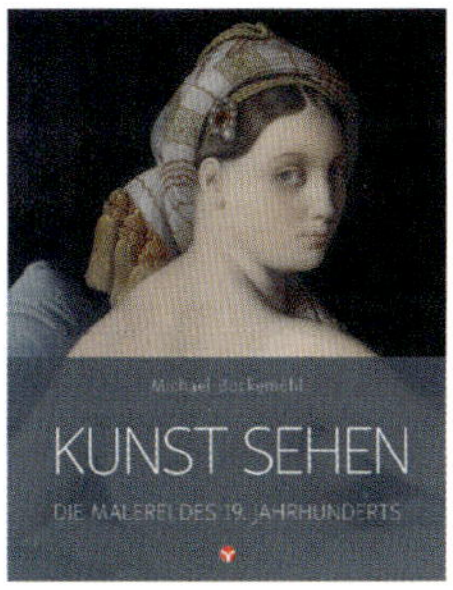

Band 1
Malerei des 19. Jahrhunderts

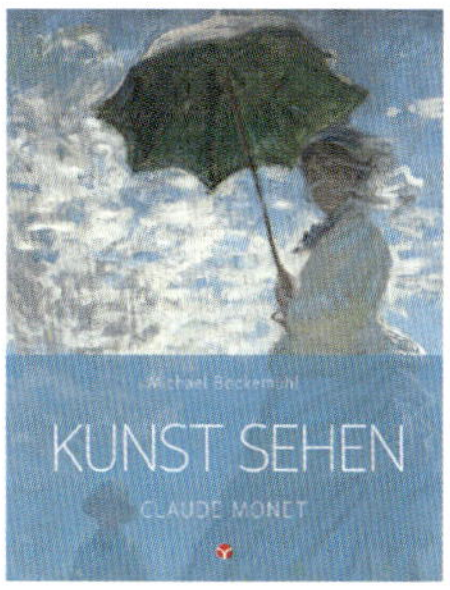

Band 2
Claude Monet

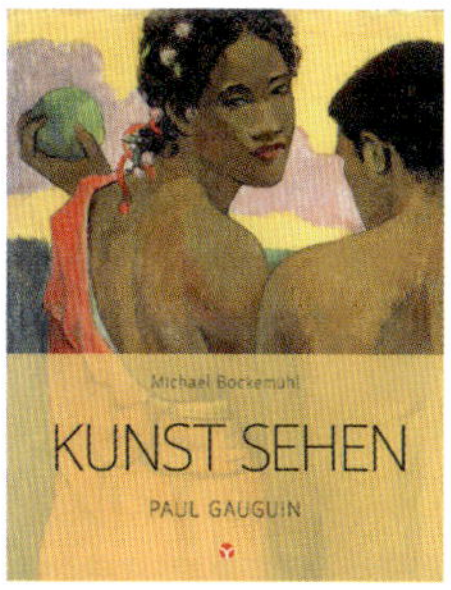

Band 3
Paul Gauguin

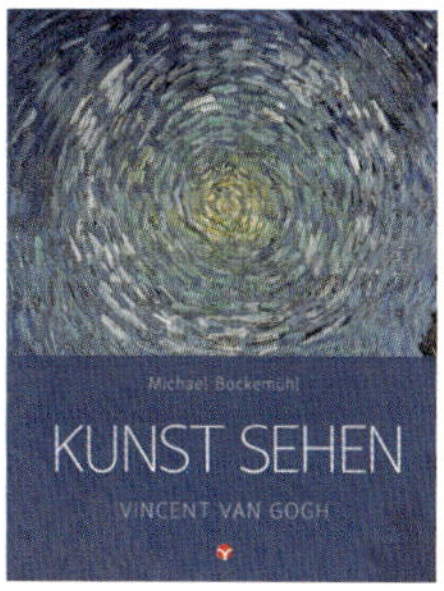

Band 4
Van Gogh

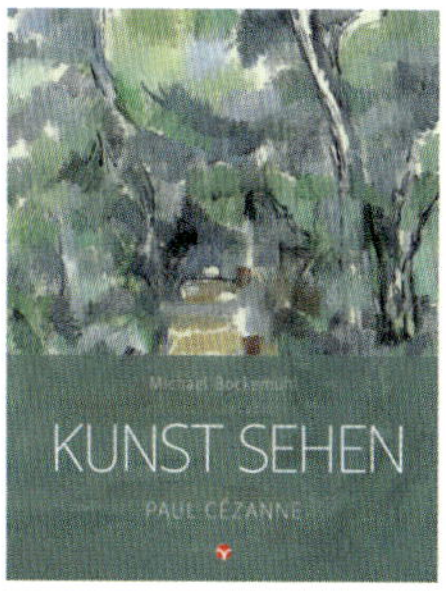

Band 5
Paul Cézanne

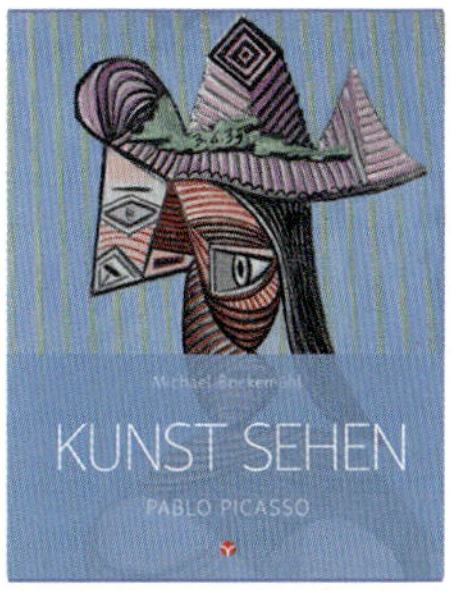

Band 6
Pablo Picasso

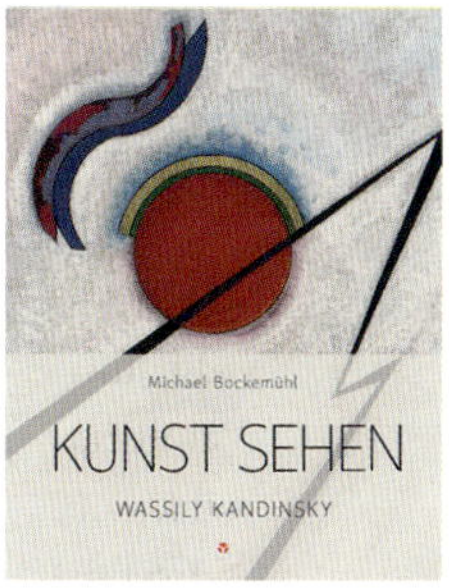

Band 7
Wassily Kandinsky

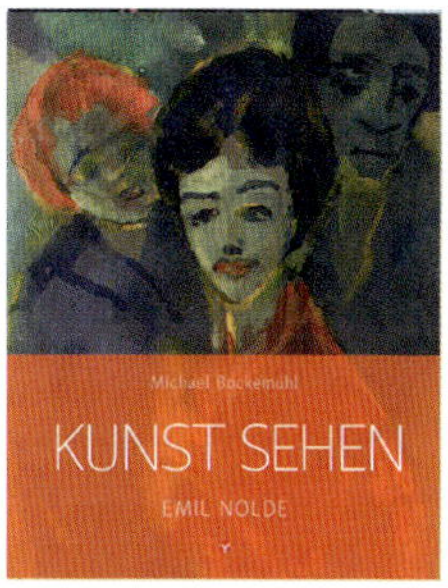

Band 8
Emil Nolde

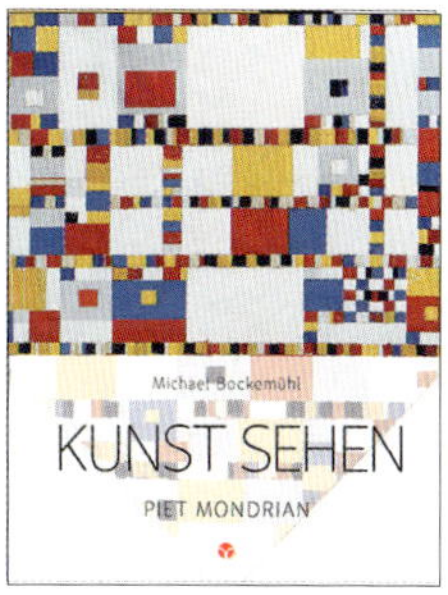

Band 9
Piet Mondrian

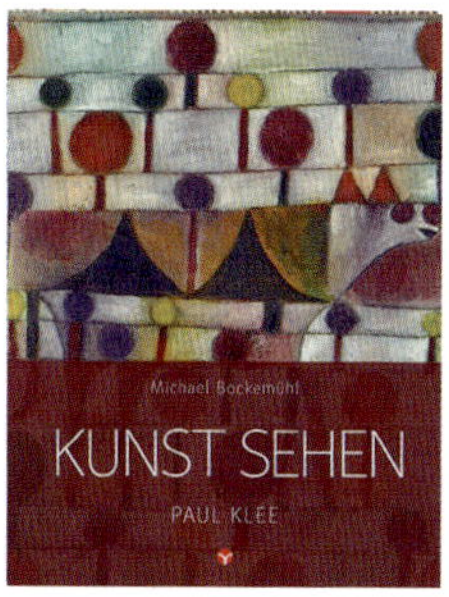

Band 10
Paul Klee

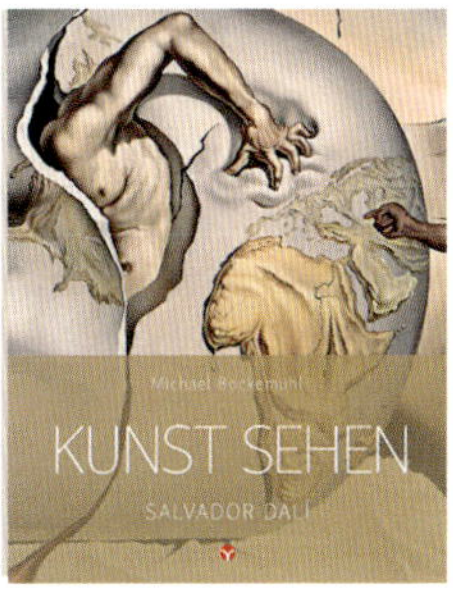

Band 11
Salvador Dalí

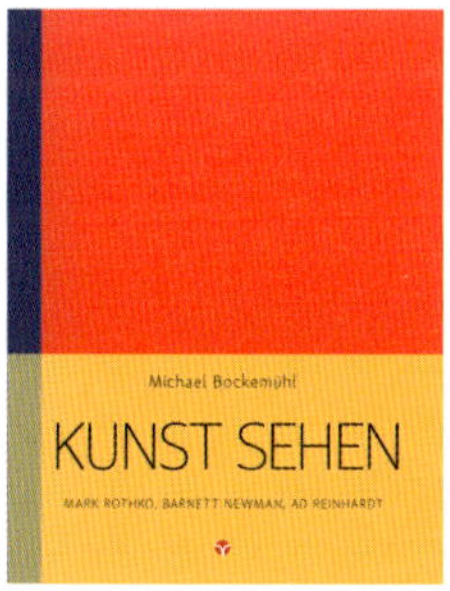

Band 12
Ad Reinhardt,
Mark Rothko,
Barnett Newman

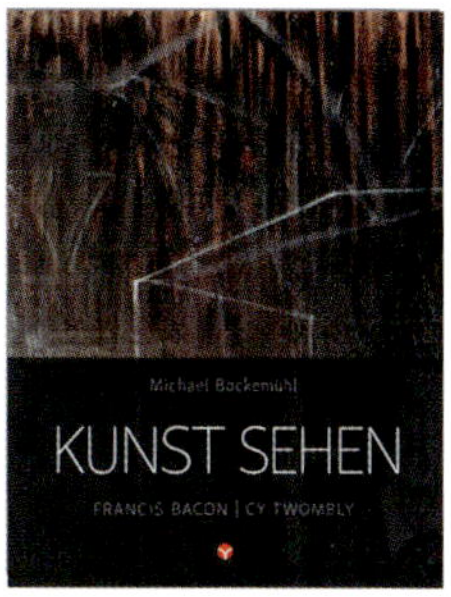

Band 13
Francis Bacon / Cy Twombly

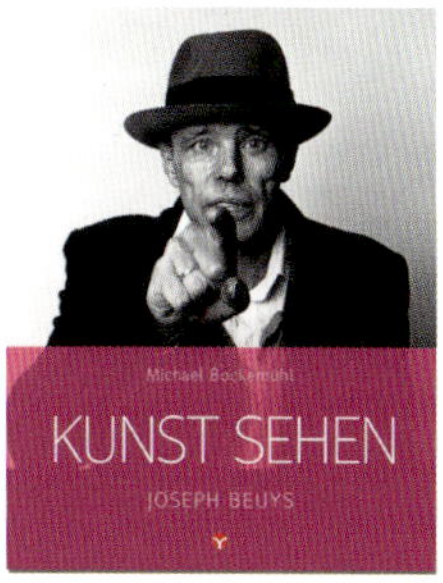

Band 14
Joseph Beuys

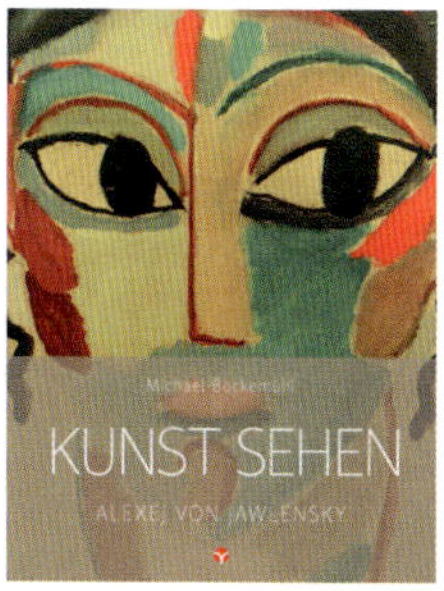

Band 15
Alexej von Jawlensky

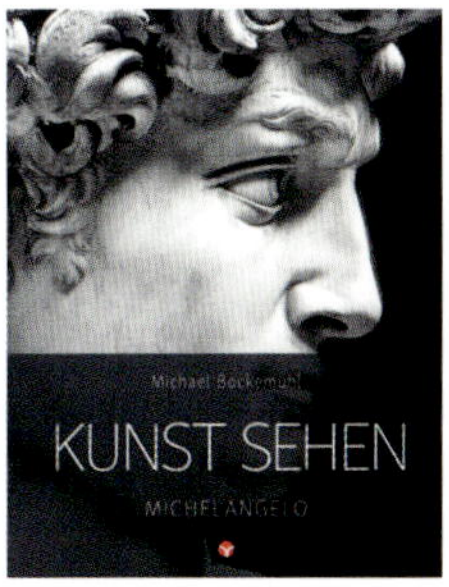

Band 16
Michelangelo

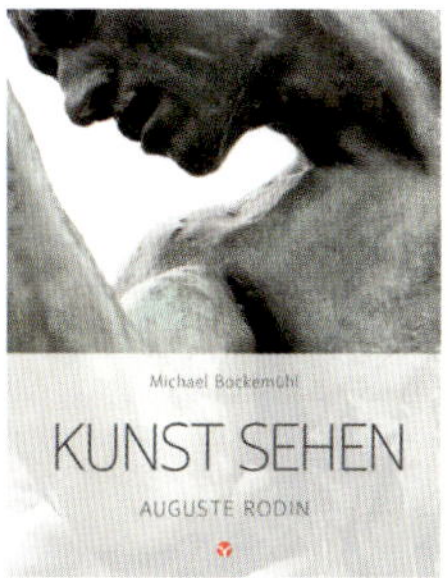

Band 17
Auguste Rodin

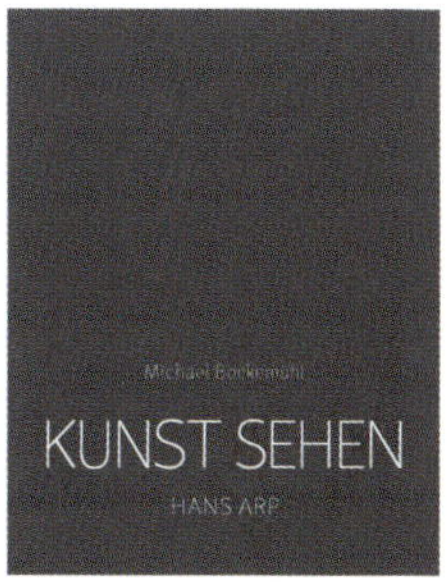

Band 18
Hans Arp

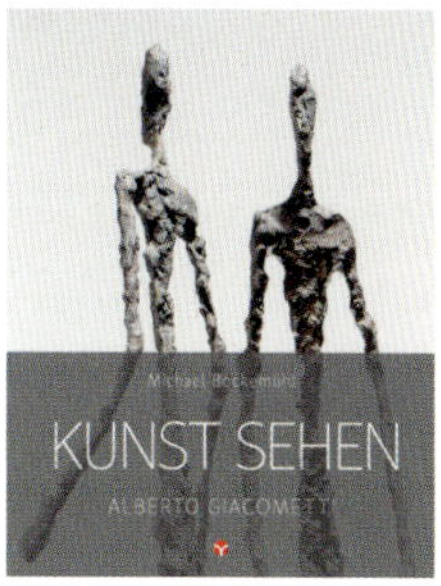

Band 19
Alberto Giacometti

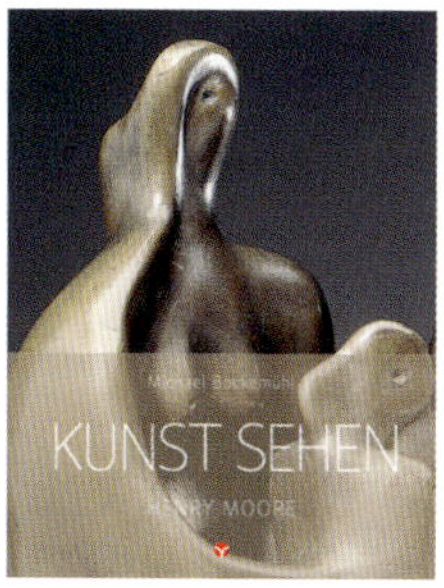

Band 20
Henry Moore

Voraussichtlicher Abschluss der Edition: 2023
Einzelbände für € 16,80
Im Abonnement für € 14,80
Infos unter:
www.info3.de/kunst-sehen
www.kunst-sehen.info

INFO3 VERLAG

IMPRESSUM

Bibliographische Information der Deutschen Nationalbibliothek:
Die Deutsche Nationalbibliothek verzeichnet diese Publikation in der Deutschen Nationalbibliographie; detaillierte bibliographische Daten sind im Internet über http://dnb.ddb.de abrufbar.

ISBN 978-3-95779-076-7

Erste Auflage 2021

Typographie, Satz und Umschlag:
Frank Schubert, Frankfurt am Main unter Verwendung eines Fotos von Joseph Beuys, Fotograf: Laurence Sudre, Paris 1985, © Laurence Sudre / Bridgeman Images

Druck und Bindung: Dilling Printmedien, Kreuztal

INFO3 VERLAG

Kirchgartenstr. 1, 60439 Frankfurt
Tel. 069-57 000 892, Fax +49-69-58 46 16
vertrieb@info3.de

WWW.INFO3.DE

HERAUSGEBER:
Dr. David Hornemann v. Laer
Zentrum Studium fundamentale (AT)
Universität Witten/Herdecke
Alfred-Herrhausen-Str. 50, 58448 Witten
E-Mail: david.hornemannvonlaer@uni-wh.de
www.kunst-sehen.info